大妻ブックレット━━━⑩

ことわざの力
救済と解放

村上丘［著］

まえがき

呪術は人に自然力を支配する力を与えるものであり、四方から
人間に襲い掛かってくる多くの危険に対する武器と甲冑なのだ。
（マリノフスキ 2010）

　人間は、歌を歌い、詩を吟じ、ことわざを唱えます。これらの表現
行為は、人類に共通の営みです。人間は、これらの伝統的遺産を復唱
反復するだけではなく、さらに、その一部を改変し、革新的な表現を
生み出すことも行います。その場合、歌は替え歌に、和歌や漢詩は本
歌取りになります（矢嶋 2018）。

　ことわざも、その一部を変換して新しい表現が創造されます。たと
えば、"look before leap"（跳ぶ前に見よ）ということわざは、"leap be-
fore look"（見る前に跳べ）と変換されました。この表現の制作者は、
単に2つの語を入れ替えただけでなく、新たな価値観を提起しました。
本書では、このような言語行為を「再生」と呼び、既存のことわざに
基づいて創作された新規の表現を「再生ことわざ」と呼びます。

　歌・詩・ことわざは、悠久の昔から、世界中に存在しています。そ
れと同様、替え歌・本歌取り・再生ことわざも、はるか昔から、至る
ところで使われ、愛用されています。その理由は、歌・詩・ことわざ
だけでなく、各々を改変した表現も人間が必要とするから、と考えら
れます。

　ことわざは、堅苦しく古めかしい、過去の遺物に見えるかもしれま
せん。しかし、決して等閑にすることはできません。なぜなら、こと

わざは、人間の本源的な性質と深く関わっているからです。本書の目的は、ことわざの本質という、学際的かつ越境的な課題を解明することにあります。さらに、その作業を通して、人間の本性という、根源的かつ究極的な問題を究明することをめざします。本書の構成は、以下の通りです。

　序章では、日本の高校生と大学生による、英語の再生ことわざの作品を紹介し、再生ことわざが、作者の世界観と美意識を反映する言語表現であることを確認します。ミーダー・柳田國男・白川静・折口信夫によることわざの定義を点検し、本書のめざす方向を明らかにします。

　第1章では、文化の観点に立ち、ことわざを考えます。ことわざ／再生ことわざが、どのような状況に生じるかを考察します。フランスの社会学者カイヨワは、聖・俗・遊びからなる文化階層を提唱しました。この仮説に基づき、ことわざ／再生ことわざが出現する文化階層を突き止めます。

　第2章では、芸術の観点に立ち、ことわざを考えます。全ての芸術活動が、デザイン（＝比率・均整のシステム）、呪能（＝神秘的な存在との交感）、再生（＝構成要素の一部の変換）の3つの技法で特徴づけられると想定し、芸術としてのことわざ／再生ことわざがどの技法を使うのかを考えます。

　第3章では、魂（＝人間の生命力）の観点に立ち、ことわざを考えます。ことわざ・お守り・薬の間にアナロジー（＝構造的類比関係）が成立します。再生ことわざ・古民家・玩具との間にも、アナロジーが成立します。それに基づき、ことわざ／再生ことわざが魂に及ぼす作用を考えます。

　終章では、それまでの考察に基づき、ことわざと再生ことわざを統

括する、一般的なモデルを提唱します。先哲の所論と、このモデルとを比較し、相互の関係性を指摘します。古今東西変わることのない人間の本性に思いを致し、ことわざの持つ普遍的な意義を考えます。

　アメリカの映画監督、ジョージ・ルーカス（1944-）は、スペースオペラ『スター・ウォーズ』（Star Wars）を制作するにあたり、神話学者ジョーゼフ・キャンベル（1904-87）の著作を参照しました。キャンベルは、神話が社会の見えない基盤となり、人間の精神の奥底にある原理を示す、と主張します。この点において、神話とことわざは通底します。本書の題名『ことわざの力』は、キャンベルの遺作となった対談録『神話の力』の<ruby>顰<rt>ひそ</rt></ruby>みに<ruby>倣<rt>なら</rt></ruby>っています（キャンベル＆モイヤーズ 2010）。

　なお、本書に記した内容の一部は、すでに公開したいくつかの論文を抜本的に改訂したものを含んでいます（村上 2018, 2020, 2022, 2023）。

目　　次

凡　例

- 本書では、格言（aphorism）とことわざ（proverb）とを区別します。前者は「戒めや教訓を簡潔に表現した言葉」、後者は「魂を救済する言葉」を意味します。
- 英語の magic は、呪術・魔術・魔法・まじない・呪文・魔力・魅力・奇術・手品などの日本語が対応します。本書では、漢文学者、白川静による用語法に従い、呪能を採択します（白川 2020）。
- 日常言語は、通常の生活において使われる普段の言語表現です。一方、非日常言語は、特別な場面で使われる技巧的表現です。日常言語の資料は、①②③などの丸数字、非日常言語の資料は、❶❷❸などの黒丸（白字）数字で表示します。
- ことわざは、音声・意味・構文の各領域において、日常言語と異なる言語的特徴を有します。本書では、ことわざを非日常言語と認定し、これを掲載する場合、黒丸（白字）数字で表示します。
- 再生ことわざは、現行のことわざを形式的に継承するだけでなく、文化的に非日常として位置づけられます。再生ことわざの資料は、ことわざと同様、黒丸（白字）数字で表示します。
- 再生ことわざの創案者を同定するのは、極めて困難です。なぜなら、それが誕生するや否や、瞬時に匿名で拡散するからです。したがって、本書では、一部を除き、再生ことわざの出典を記していません。
- 掲載した資料の大部分は英語です。英文資料には和訳を付しましたが、断っていない場合、訳は著者によるものです。

序章　ことわざの実体を探る

1. ことわざはどのように再生されるか

「ことわざとは何か」を検討する前に、身近なところから足場を固めておきましょう。既存のことわざから新しいことわざを創作する作業は、第2言語学習のタスクとして有用です。その具体例として、高等学校における全国規模のコンテスト、および、大学における英語学の授業の実例を紹介します。

高校編

パロディとは、著名な作品を模し内容を変えて、滑稽化・風刺化する行為です。一方、ことば遊びとは、しりとり・早口言葉・回文・掛詞のように、言葉の発音・リズム・意味などを利用した遊びです。再生ことわざは、パロディの一種であり、それと同時に、言葉遊びの一種でもあります。再生ことわざが、巷間でどのように呼ばれているかを見てみましょう。

anti-proverb, baby proverb, pseudo-proverb, quasi-proverb, fractured proverb, twisted proverb, deliberate proverb innovation

2

（郡司 1984, Litovkina 2019）。

変形ことわざ・改造ことわざ・創作ことわざ・合成ことわざ・もじりことわざ・パロディことわざ・だじゃれことわざ・にせニセことわざ・リメイクことわざ

　両言語とも、差別的な名称が多いことが一目瞭然です。それは、再生ことわざが正規の表現から逸脱しており、非標準的なモノは軽視・蔑視の対象になりがちだからです。しかし、ことわざの再生は、人間が古来行ってきた由緒ある発話行為（speech act）です。本書では、これらの代わりに、recycled proverb と再生ことわざという名称を使用します。この2つの新造語（nonce word）には、再生の行為を芸術活動として正当化し、世間の偏見を払拭しようとする意図が込められています。

　ことわざを再生するには、ことわざ自体を知ることが不可欠です。ことわざは簡潔な表現でありながら、多彩な技巧が駆使されています。伝統的な叡智が凝縮しており、異文化理解の素材にもなります。会話や文章に精彩を与え、文学作品や推理小説を読む際にも役立ちます。元モスクワ特派員の小林和男は、「たどたどしいロシア語しか使えない外国人がロシア語の諺一つを口にしただけでロシアの人たちが親しみの表情を見せる」と言います（小林 2023: 232）。これは、すべての言語に当てはまることでしょう。対象言語のことわざを（幾分なりとも）知っていることは、言語学習者にとって極めて有利であり、有意義であると考えられます。

　本書の英文校閲者 Ikeda 教授と私は、「全国高校生英語再生ことわざコンテスト」を企画し、2019 年から 2022 年までの4年間、その運営に携わりました。このコンテストは、大妻女子大学文学部英語英文

学科が主催し、英語を母語としない高校生から、未発表の再生ことわざの作品を募る、前代未聞の企画です。

　コンテストを開始するにあたり、再生ことわざとは何かを周知させるため、『英語再生ことわざハンドブック』（B5 サイズ・全 20 頁。以下『ハンドブック』）を作成しました。そこには、通常のことわざの特徴、再生ことわざの技法、ハンガリーの大学生が制作した作品、新聞・雑誌・広告における実例、参考資料などが記されています。『ハンドブック』は、紙媒体と電子媒体で公開しました。

　コンテストには、毎年、数多くの力作が寄せられました。各年、優秀賞 1 篇、入賞 8 編を選定しましたが、とりわけ、受賞作品の出来栄えは卓越しています。その中の 1 篇を紹介します（母語話者による講評は省略）。

年度・応募総数	2021 年度優秀賞作品（応募総数 292 編）
高校・学年・ペンネーム	千葉県立佐倉高等学校・3 年・Pearl
現行のことわざ	Learn to walk before you run.
再生ことわざ	Learn to care before you glare.
制作者のコメント	変えた単語 2 つの韻（care/glare）を揃えて、意味も通るようにした。相手を敵視するよりも、その人の気持ちにまず寄り添うことが大切だという、現代のインターネットにおける誹謗中傷の問題を扱った。

　上の作品では、care と glare における脚韻が効果的に使われ、元々のことわざより、はるかに口調がよくなっています。その内容も、現代社会の世相と若者の関心事を反映しています。この企画には、多く

の高校が授業の一環として参画しました。それもあって、4年間を通し、約1300編の作品が寄せられました。

　この行事の終了後、『全国高校生英語再生ことわざコンテスト 2019-2022 活動報告書』（以下『報告書』）を編纂しました。そこには、ことわざの教育的意義・企画の経緯・募集要項・歴代の応募作品・『ハンドブック』（PDF）などが収載されています。『報告書』は 2023 年 6 月に完成し、ウェブサイト上に掲載しました。『報告書』を載せたウェブサイトには、URL（http://www.lit.otsuma.ac.jp/english/anti-proverb）および左上の QR コードからアクセスすることができます。

大学編

　ハンガリー人のアンナ・リトヴキナ（1963-）は、東欧で精力的に活躍することわざ学者です。彼女は、非印欧語であるハンガリー語を母語とする大学生に、英語を教えています。彼女は、受講生に、英語の再生ことわざの制作を課しました（Litovkina 2017）。受講生は、第 2 言語である英語のことわざを様々に変換しました。その成果の一部は、『ハンドブック』に収載されています。

　近年、私は、勤務先の大妻女子大学で、同様の試みを実施しています。文学部英語英文学科選択必修科目『英語学（語法・文法）』（3・4 年次対象）は半期開講で、週 1 回 90 分、全 15 回の授業です。そのうち、2 回をことわざに充てています。授業が始まって 1 か月ほど経った頃、『ハンドブック』の骨子を解説します。受講生は、再生ことわざの予備知識を持ち合わせていません。授業を通して、受講生は、そのしくみとはたらきの概要を把握します。

　それから約 1 か月後、受講生は、一人ひとり、現行のことわざ、お

よび、それを改変した再生ことわざをホワイトボードに記し、それぞれの言語的特徴を口頭で説明します。2023 年 7 月 10 日、A さん（3 年）が発表した作品を下に挙げます。

現行のことわざ	Hope for the best, but prepare for the worst.
再生ことわざ	Hope for the solution, but prepare for the imperfection.
受講生のコメント	現行の文型を使い、solution と imperfection で脚韻を踏んだ。解決策が誕生することを望み、不完全に備えよ、という意味をこめた。

　バラエティー TV 番組『プレバト !!』では、俳人、夏井いつき氏が、出場者の俳句を容赦なく添削します。自作の変貌ぶりを肌で感じ、出場者は、俳句の目指す境地を会得します。同様に、私の受講生は自らの作品に朱が入るのを目の当たりにし、再生ことわざの要諦を習得します。

　私の講評は次のとおりです。「接続詞で結ばれた構文は、接続詞の前後で対応している 2 か所を変換すると再生しやすい。そのような構文を選択し、2 語の脚韻を踏んだのはよい。しかし、solution は 3 音節、imperfection は 4 音節で、音節数が異なる。また、両者は意味的にズレがある。現行のことわざでは、best/worst が 1 音節の反義語なので、再生する場合、この関係を継承するとよい。修正案は、2 つ考えられる。第一案は、solution（解決）/confusion（混迷）の対に変更する。すると、共に 3 音節の反義的な語になる。第二案は、perfection（完全）/im-perfection（不完全）の対に変更する。これにより、否定接頭辞（im-）の有無により、2 語が形態的に対立する。これらの修正により、前後

の文の音声的・意味的な対比が、より鮮明になるであろう」。ちなみに作者のAさんは、第一案が好みということでした。

再生ことわざのコツを掴むには、実際に創作する経験を積むのが一番の近道です。この科目の受講生Bさんは、授業後、次の感想を寄せました。「再生ことわざというものを、この授業で初めて知った。再生ことわざを作っていく中で、頭韻や脚韻の踏み方や、様々な対義語、類義語を学ぶことができた。また、社会的な問題にも、再生ことわざを通して触れることができた」。

再生ことわざを創るには、(i) 語法と文法の規則を守る、(ii) 既存の表現と関連性を保つ、(iii) 種々の修辞的工夫を凝らす、(iv) 自らの世界観と美意識を込める、などの条件を、同時に満足しなくてはなりません。たとえば、a miss is as good as a mile（五十歩百歩）に基づいて制作された a kiss is as good as a smile（キスは微笑みと同じくらい素敵）は、そのすべての条件を満たした傑作です。言語学習者にとって、ことわざの再生は、知性と感性が試される試金石です。

2. ことわざはどのように定義されるか

ことわざとは、何でしょうか。ここでは、東西4名の研究者による、ことわざに関する発言を瞥見します。具体的には、アメリカのことわざ研究者であるミーダー、日本の研究者である柳田國男・白川静・折口信夫の定義を検討します。とりわけ、日本の3名の研究者の言説は、注目に値します。

ウォルフガング・ミーダー（1944-）は、ことわざ研究の世界的権威です。彼は、学生・友人・知人55名に、「あなたはどのようにことわざを定義するか」という質問を投げかけました。その結果に基づ

き、高頻度で出現した語を結合し、"a proverb is a short sentence of wisdom"（ことわざとは、知恵を表す短文である）と、要約しました（Mieder 1993）。

　記述的アンケートを実施し、高い頻度で現れた語を組み合わせて対象の輪郭を描く方法は、様々な分野で実施されています。それをことわざに適用するのは、一見、無難で穏当のように思われます。しかし、そこから導き出される結論は、妥当でしょうか。上に記した定義では、ことわざがなぜ存在するのか、人々がなぜことわざを使うのかが不明です。

　アンケート形式の問いかけは、人々の表層的な意識を明らかにする利点はありますが、人々の心の深層にまで踏み込むことが至難です。一方、これから紹介する３人の日本人学者は、人々の無意識にまで肉薄しているように思われます。

　民俗学者の柳田國男（1875-1962）は、次のように記します。

　　　ことわざは言語というものができてまもないころから、もうそろそろと始まった古い技術であります。そうして人間に「おしゃべり」というものがある限り、どんなに形を変えても、続いていかなければならない技術であります。……苦労をする人の心を慰め、沈んでいる者に元気をつけ、怒ろうとしている者にきげんを直させ、または退屈する者を笑わせる方法としては、かつてわれわれのことわざがしていただけの為事を、代わってするものは他にないのであります。（柳田 1976: 106-7）

　これは、柳田が子ども向けに易しく語った言葉ですが、意味深長です。とりわけ、「苦労をする人の心を慰め……」という件は、ことわ

ざの存在理由に該当し、ミーダーの下した定義より一日の長があります。さらに、柳田は、ことわざを「（言語発祥以来の）古い技術」と呼びます。この技術とは、いったい何でしょうか。

　この点に関して、後の2人の学者の発言が参考になるでしょう。折口信夫（1887-1953）は、国文学・民俗学の泰斗です。一方、白川静（1910-2006）は、漢文学・文字学の領袖です。両者は、専門領域こそ異なるものの、古代のことわざについて、相通ずる発言をしています。

　　ことわざの元は、おそらく神自らが表現したと伝える、やや長い呪詞であった……それらがいろいろの経路を経て到達した、完成した形は、偶数律をもったことわざである……ことわざは、ある結果に、ことを導く命令力に似たものを、貯有していると見られていたらしい……それが次第に、かの命令力を失った後も、なお呪力の幾分が保持せられていた。（折口 2017: 17&30）

　　「わざ」は、もと災禍を意味する語であるから、「ことわざ」は呪能をもつ語であろう。成句の形をとるのも、歌句の形式をとることによって、その呪能を高めるとされたからであろう。「うた」はもと神の、あるいは神に対してのものであった。「ことわざ」が、世俗的な箴言・格言としての意味を持つのは、その古代的な性格が失われたのちのことである。（白川 2007: 295）

　折口と白川の言説には、いくつかの共通項があります。第一に、ことわざが呪能・呪力（＝超越的な存在と人間との交感）に関わることに言及しています。第二に、ことわざが形や形式を重要視することに触れています。第三に、ことわざが神からの（あるいは神への）言葉

であると述べています。第四に、ことわざの箴言・格言としての意味
が後世の産物であると指摘しています。

　これらの言説は、ミーダーが下したことわざの定義（＝多くの人々
が暗黙裡に共有している考え）と全く異なります。しかし、次第に明
らかになりますが、折口と白川の言説は、ことわざの核心を突いてい
ると考えられます。

　日常言語の役目は、情報や感情を伝達することです。では、ことわ
ざの任務は何でしょうか。たしかに、ことわざは、ミーダーが記した
ように、共同体の秩序を反映する知恵や教訓を表します。しかし、そ
れは副次的なことです。ゆくゆく明らかになりますが、ことわざの主
務は、人間を安心立命の境地に誘うことにあります。その機能は、
abracadabra（アブラカダブラ）のような呪文に近い、とすら考えられ
ます。

　先に紹介した３人の日本人研究者は、いずれも明治生まれです。彼
らの言説は、今となっては、いささか旧聞に属するかもしれません。
しかし、決して色褪せることのない、傾聴に値する洞察を含んでいま
す。終章では、彼らの所論を再度取り上げ、本書で提案するモデルと
比較します。

　ことわざは、いつでもどこでも、自由に使える言語表現ではありま
せん。ことわざを使う場面、ことわざが駆使する技、ことわざの果た
す役割は、いずれも厳しく制限されています。ただし、これらの事柄
は、人々が常々意識しているわけではありません。こうした無意識の
制約を究明することが、ことわざの解明につながる、と考えられます。

第1章　ことわざを文化の観点から探る

　一般に、民俗学や文化人類学では、聖と俗という2項対立に基づき、文化現象を分析します。一方、フランスの社会学者、カイヨワ（1913-78）は、文化現象が、聖・俗・遊びという3つの階層からなる、と主張しました（カイヨワ 1990）。聖は、霊験あらたかな力・至高の力の及ぶ時空間を指します。俗は、行住坐臥の日常の暮らしの領域です。遊びは、決められた時空で行われる自由な行為です。

　本章では、カイヨワの提案に基づき、次の階層仮説を提唱します。(i) ことわざは、聖の階層に所属する。(ii) 再生ことわざは、遊びの階層に所属する。このことは、ことわざも再生ことわざも、俗（世俗世界）には属さないことを意味します。

　この仮説を裏付けるため、インデックス（index）（＝特定の階層を特徴づける文化的要因）という概念を導入します。ある階層は、必ずそのインデックスを有するわけではありませんが、そのインデックスが現れた時、その階層を特定することができます。したがって、インデックスと文化階層は一方向的な関係です。

　燭台・香炉・聖杯・十字架などの品々は、カトリック教会のミサで使用される道具です。これらは、聖を特徴づけるインデックスです。一方、衣服・装身具・寝具・家具・調理用器具・食器・文房具・暖房具・洗濯用品・住宅用品・台所用品などは、日常触目する生活必需品

です。これらは、俗を特徴づけるインデックスです。他方、ブランコ・独楽・毬・木馬・人形などの玩具は、遊びを行う際に使用する道具です。いずれも、遊びを特徴づけるインデックスです。

　文化現象を注意深く観察すると、階層特有のインデックスを探し当てることができます。特に聖（あるいは遊び）のインデックスに、ことわざ（あるいは再生ことわざ）が生じることが観察されます。これにより、ことわざ／再生ことわざの文化階層を特定することができます。

1. ことわざは聖の階層に属する

　言葉と場面とは、密接な関係にあります。たとえば、二人の人間が出会った時、改まった場面では "How do you do, Mr. Johnson."、堅苦しくない場面では "Nice to meet you, Fred."、親しい友人同士の間では "Hi, Fred." と使い分けます。これと同様、ことわざも場面に応じて現れ方が異なります。

　暦と星占い・通過儀礼・個別指導という3つの文化現象は、いずれも聖の階層を特徴づけるインデックスとして機能します。これらの状況において、ことわざが頻繁に現れるので、ことわざを聖の階層に定位することができます。

暦と星占い

　暦は、目に見えない時の流れを測り、数える方法です。暦には、年・月・週・日の情報が記されます。暦とは、単に、時の線的配列を記す記号列ではありません。それは、神が世界を創造したことを表す、円環状の記念碑です。人間は、新年ごとに宇宙開闢を反復します（エリアーデ 2014）。暦は、宇宙のリズムを反映します。呼吸や脈拍と同

様、周期的なリズムは、生命を活性化します。神聖なリズムを告知する暦は、聖のインデックスと考えられます。

　この暦に、星占いが記されることがあります。例えば、インターネット・テレビにおいては、「今週の運勢」「今月の星占い」というコーナーがあります。英語圏の星占いでは、星の運行の記述とともに、次のような運勢が記されます。

❶ Rise above the rumors, even if you believe what you've heard.	耳にするものが本当らしくとも、平然としていなさい
❷ Before you do anything, sound people out and get their feedback.	何か事を起こす前に、他人の意見をよく聞きなさい
❸ Honest communication will restore your feeling of integrity.	正直に相手に話せば、誠実な感情が戻ってくるだろう

　これらの文言は、断言的・勧告的・宣告的であり、ことわざの文体と酷似します。暦には、星占いだけでなく、ことわざ自体が掲載されることもあります。暦に記された星占いやことわざによって、人間は、超自然の言葉と回帰的・循環的に出会い、元気回復・蘇生復活します。星占いとことわざは、聖の階層に位置づけることができます。

　暦は、人類の生活の必要から生まれました。とりわけ、農業や漁業において、暦の情報は不可欠です。現代においては、そのような作業に従事しない人々も、暦を重宝します。暦は、それのみを掲載する目的のカレンダーだけでなく、様々な媒体（＝新聞・雑誌・手帳・家計簿・インターネットなど）にも掲載されます。これらの媒体は、膨大な購買者や視聴者を対象とします。暦のあるところ、星占いとことわざが頻出します。星占いとことわざは、現代的な媒体の中に格好の

ニッチ（＝生態的地位）を見出した、と言えるでしょう。

通過儀礼

　人間は、生物学的には、新陳代謝を繰り返し、連続的に成長します。一方、社会的には、断続的・非連続的に身分異動します。一つの社会的地位から、別の地位へ移行するには、通過儀式が不可欠です。それは、地位の更新を認可する社会機構です。人間存在は、一連の通過儀礼によって、その完成に到達します（エリアーデ 2014）。

　未婚者が、既婚者に変化するために、結婚式が催されます。そこでは、非日常的な演出が施されます。開始と終了の時刻は明確に指定され、その間、会場は閉鎖されます。会場内では、非日常的な服装の着用が求められます。通過儀礼は、聖のインデックスと認定することができます。

　新参者にとって、未知の地位は、不安と憂慮の対象です。そこには、経験したことのない責任と義務が待ち受けています。失敗や挫折の可能性も潜んでいます。通過儀礼において、主催者は、新参者に 餞 の言葉を贈ります。その際、ことわざが頻出します。カトリック教会での結婚式において、司祭は福音書（＝イエス・キリストの言行録）の一節を引用します。それは、通例、ことわざとしての地位を確立しています。招待客が披露宴で祝辞を述べる際にも、頻繁にことわざを紹介します。

　暦と通過儀礼はともに、連続体に節目を入れます。暦は自然の時間に節目を刻み、通過儀礼は、社会の時間に節目を付けます。暦は「文字の文化」（literacy）によることわざの伝達であり、通過儀礼は「声の文化」（orality）によることわざの伝達です。肉声は、人の魂に忘れがたい印象を残します（オング 1991）。こうして、新参者は不安や心配

を払拭し、新たな地位に向かう勇気と覚悟を獲得します。通過儀礼で言及されることわざは、聖として特徴づけられます。

個別指導

　アフリカは、ことわざの宝庫です（Mieder & Dundes 1994）。多くの文化人類学者が、当地におけることわざの使用法について、様々な報告をしています。モシ族の文化を研究する川田順造は、「ことわざは、規範の番人である老人の口から発せられることが多い」と記します（川田 1998: 24）。老人は共同体の経験を豊富に有していますから、これは、当然予想される事態です。では具体的に、アフリカではどのような場面でことわざが使われるでしょうか。

　ニジェール・コンゴ語族のマニンカ語の文化では、ことわざを会話の中で適切に使うことが、この言語に通暁した証と見なされます。マニンカ語の非母語話者がことわざを巧みに使うと、母語話者は、ことわざを使って、その使用を賞賛します（Foley 1997）。一方、チャガ族では、子どもが間違った時、直接非難せず、間接的にことわざで仄めかします（ハイムズ 1979）。そこには、大人が子どもの面子（face）をつぶさない気配りが働いています。

　共同体の中で、個々人は、様々な成長を遂げます。その進捗ぶりは、人によって異なります。個々人の成長が適切か否かを、適宜、共同体内で確認する必要があります。上に記したアフリカの事例は、熟練者による個別指導を示しています。個別指導は、その道の熟達者が、未熟者の成長を評価あるいは承認する慣わしです。個別指導は聖のインデックスと見なされ、そこで使用されることわざは聖と認定されます。

　アフリカでは、若輩者の方から、個別指導を積極的に求める場合もあります。たとえば、バンツー諸語族では、社会階層の下位の人が、

上位の人に、losáko!（ロサコ）と挨拶します。挨拶された人は、自らの哲学・人生観を反映したことわざで応えます（梶1990）。ことわざを誘導する定型句が確立していることは、そのやり取りの儀式性・非日常性を示します。以上の事柄も、ことわざの聖性を裏付けると考えられます。

ところで、個別指導は、上位から下位にことわざが伝達されて、完結するわけではありません。「啐啄同時」とは、鶏卵が孵化するとき、雛が殻を内側からつつき、それに合わせて母鳥が外から殻をつつくことを意味します。ことわざが決定的影響を及ぼすには、受け取る側に、準備が整っている必要があります。受け取る側が感性を研ぎ澄ませておかないと、一大転機は訪れません。個別指導が成就するには、適切なことわざと、それを迎える人間の魂とが、呼応する必要があります。両者の気息が揃わなければ、個別指導の試みは水泡に帰します。

2. 再生ことわざは遊びの階層に属する

Tシャツ・マグカップ・公共トイレに記された落書きは、いずれも、遊びの文化階層を特徴づけるインデックスとして機能します。これらの環境では、再生ことわざが頻繁に出現します。このことから、再生ことわざは遊びの階層に位置する、と結論づけることができます。

Tシャツ

Tシャツは、年齢・性・職種に左右されずに着用される、汎用性の高い衣装です。袖の長さ・色・柄は、千差万別です。既製品の種類も多様ですが、自前のイラスト・写真・字句を印刷することもできます。Tシャツは、うちとけた、くつろいだ雰囲気を醸し、気休め・気晴ら

しの意味を担います。海・山・娯楽施設・行楽地を訪れる際の定番の装いであり、自由の気分が横溢しています。つまりTシャツは、遊びのインデックスと認定することができます。

このTシャツに頻繁に印刷されるのが、再生ことわざです。インターネット上には、次の類いの文言を載せた大量のTシャツの画像があります。いずれも、"good things come to those who wait"（待てば海路の日和あり）が改変された表現です。

❶ Good things come to those who bait.	餌を蒔く人には釣果がある
❷ Good things come to those who bake.	パンを焼く人にはよいことが起こる
❸ Good things come to those who wake.	目覚める人にはよいことが起こる

Tシャツにプリントされた再生ことわざは、遊びに認定することができます。Tシャツが再生ことわざと相性がよいのには、理由があります。第一は素材です。大部分のTシャツは、綿製品です。綿は、保水性・通気性・吸水性に優れています。これは、文字や図像を印刷しやすいことを意味します。第二はデザインです。大部分のTシャツは、襟もボタンもポケットもありません。ネックラインは、丸首です。これにより、前身頃と後身頃のすべてを、文字と図像に充てることができます。第三は装着様式です。Tシャツは、上着を羽織らず装着可能です。したがって、恒常的に、図像や文字を外部に露出することができます。また、下着を（ほとんど）着けずに装着可能なので、体形と体勢があからさまになります。

2022 年、ロシアとの戦争勃発に際し、ウクライナのゼレンスキー大統領は、Ｔシャツ姿で世界に向けて演説しました。Ｔシャツは、軍服やスーツと異なり、身体性と訴求力に富む衣服です。この衣装は親近感を抱かせ、さらに、事態の緊急性を喚起する効果があります。彼はこの伝達効果を活用し、支持と協力を呼びかけたと考えられます。

マグカップ

マグカップ（mug）は、液体を入れるための容器です。内容物は、ミルク・コーヒー・ココア・炭酸飲料・カフェオレ・ジュース・スープ・ラーメンなど、多彩多様です。材質も、陶器・磁器・樹脂・ガラス・ホーロー・アルミニウム・チタン・ステンレス・プラスチック・木など、変幻自在です。素材は丈夫で、内容物の温度に左右されません。キャラクターや幾何学模様など、デザインも多種多様です。複数の指が入る大きい取っ手があり、思いのままに持ち運びができます。これは、（屋内外を問わず）使用者が固定した場所（テーブルや椅子など）に拘束されないことを意味します。パーティー・イベント・キャンプ・行楽地などの遊びの場面において、この容器は大活躍します。マグカップは、遊びのインデックスと認定することができます。

このマグカップに、再生ことわざが頻繁に観察されます。ネットには、多彩な表現を載せたマグカップの画像が、膨大に掲載されています。以下はその例です。元となったことわざは、先ほどと同一です。

❶ Good things come to thoes who hustle.	活発に行動する人にはよいことが起こる
❷ Good things come to those who work.	仕事をする人にはよいことが起こる

❸ Good things come to those who camp.	キャンプをする人にはよいことが起こる

　マグカップに記載された再生ことわざは、遊びと認定されます。マグカップと再生ことわざとの相性のよさには、理由があります。第一は形状です。ほぼ円筒形なので、全表面を図像や文字の表示に充てることができます。第二は素材です。材質が不透明で、表面積が広いため、図像や文字の印刷・判読が容易です。第三は融通性です。液体だけでなく、固形物（文房具・調理器具・装身具・調味料・多肉植物など）の容器としても利用可能です。この結果、長期間にわたり、部屋や店舗の一角に据え置くことができます。

　通常のことわざは、共同体構成員が無意識に共有する言語遺産です。人々は、ことわざを、たとえ記録しなくても記憶しており、ことわざは社会的・長期的な安定性を保っています。一方、再生ことわざは、個人が発案した自発的・一時的な言語芸術です。再生ことわざは短命かつ不安定で、放置すると消滅衰亡の運命を辿ります。再生ことわざは、マグカップやTシャツという、卑近で手軽で安価な素材の中に、格好のニッチ（＝生態的地位）を見出したと言えるでしょう。

公共トイレ

　落書きは、公共施設・輸送機関・教育施設・商業施設など、他者の所有物や施設に、文字や図のいたずら書きをすることです。通例、落書きは、その行為も内容も法律による処罰の対象になり、背徳的・不道徳的です。落書きは、既成の体制に対する反逆・反抗の表明です。落書きは、その文字や絵が、規範から逸脱しています。それは、既成の字体ではなく、手書きです。落書きは、自由にあふれた非日常的行

為であり、遊びのインデックスと認定することができます。

　この落書きに、再生ことわざが頻繁に出現します。再生ことわざは、伝統的・因習的・固定的なことわざに対する、異説と異端の表明です。再生ことわざと落書きは、ともに、反体制・反主流・反権力という共通項があり、両者の相性のよさは容易に予測されます。

　以下の資料は、カリフォルニア大学バークレイ校のトイレで集められた落書きで、左側が現行のことわざ、右側がそれに対応する再生ことわざです（Nierenberg 1994）。❶の再生版は、もともと、『トム・ソーヤーの冒険』などで知られるマーク・トウェイン（1835-1910）が制作したと言われています。

❶ The pen is mightier than the sword.（ペンは剣よりも強い）	The penis mightier than the sword.（陰茎は短剣より強い）
❷ An apple a day keeps the doctor away.（一日一個のリンゴは医者を遠ざける）	A pill a day keeps the stork away.（一日一個のピルは、コウノトリを遠ざける〈＝避妊できる〉）
❸ Behind every great man there's a woman.（全ての偉大な男性の背後には、女性がいる）	Behind every great man there's an asshole.（全ての偉人の尻には、肛門がある）

　排泄とは、人目をはばかり、世を忍ぶ行為です。それを実践する空間は、臭気が漂う、隠微な密室です。公共トイレは、不特定多数が使用する、非日常的な、非公開の隠れ家です。そこでは、無制限の自由が担保されています。したがって、その記述内容は、他者のまなざしに直接晒されることを前提としたＴシャツやマグカップに比べると、

各段に過激で赤裸々です。そこで顕著なのはタブー（taboo）に関わる表現で、しばしば笑いを引き起こします。落書きと公共トイレは、聖の対極に位置します。その場面に再生ことわざが生起する事実は、それが遊びに属することを示します。

3. まとめ──ことわざ／再生ことわざと文化階層

カイヨワは、文化現象が聖（＝至高の力の及ぶ領域）・俗（＝日常の暮らし）・遊び（＝自由な領域）からなる、と提唱しました。本章では、インデックス（＝ある階層を特徴づける文化要因）という概念を導入し、次の階層仮説を提唱しました。(i) ことわざは、聖の階層に属する。(ii) 再生ことわざは、遊びの階層に属する。

人間は、様々な節目を経由して、段階的に成長します。これらの節目には、暦（＝自然的周期）・通過儀礼（＝社会的周期）・個別指導（＝不定期）があり、いずれも、聖のインデックスとして機能します。その節目に、ことわざが登場します。ことわざは、暦という文字媒体を除けば、特定の少数者に対して、限定的に使用されます。

一方、Ｔシャツ・マグカップ・公共トイレという3つの媒体は、自由と放縦を許容します。これらは、いずれも、遊びのインデックスとして機能します。この媒体に、再生ことわざが頻出します。再生ことわざは、不特定の多数者に対して、無作為に使用されます。

ことわざと再生ことわざは、文化階層に文脈依存（＝言語要素の出没が状況に規制されること）して生起します。この観察は、階層仮説を支持すると考えられます。以上の議論をまとめたものが、表1です。

これに対して、2つの反論が考えられます。第一は「日常言語を使用する場面（＝俗）において、"as the proverb goes"（ことわざに言う

表1　ことわざの文化階層

文化階層	インデックス	言語表現
聖	<u>暦・通過儀礼・個別指導</u>	ことわざ
遊び	<u>Tシャツ・マグカップ・公共トイレ</u>	再生ことわざ

（下線部分は、文字言語を示す。）

ように）などの定型句とともに、ことわざが使われるではないか」という反論です。この定型句は導入詞（introducer）と呼ばれますが、聖・俗の境界に一線を画す役目を果たすと考えられます。その機能は、神域を画定する神社の鳥居に似ています。導入詞は、ことわざの聖性を鎮護する結界_{けっかい}です。これにより、日常言語の最中に現れることわざは、聖性を担保されます（たとえ、導入詞が省略されても、人々のことわざに対する聖視は維持されると考えられます）。

　第二は、「Tシャツ・マグカップに、一般のことわざも出現するではないか」という反論です。Tシャツとマグカップは自由自在・融通無碍な媒体で、あらゆる素材を、貪欲かつ大胆に取り込みます。聖の象徴（聖堂・聖人・聖像など）すらも、階層を超えて受容します。しかし、それらは、Tシャツ・マグカップに現れるや否や、聖の象徴としての機能を消失します。なぜなら、遊びのインデックスは、そこに登場するモノの聖性を無化するからです。ミサの際、司祭が首にかける十字架と、ロックコンサートの際、エレキギター奏者が首にかける十字架は、全く異なる意味を持ちます。これは、一般のことわざにも当てはまる、と考えられます。

第2章　ことわざを芸術の観点から探る

　ことわざは、芸術活動の一環と見なすことができます。このことは、芸術において駆使される技がことわざにも当てはまることを意味します。芸術活動には、デザイン・呪能・再生という3種類の技が働くと考えられます。

　アメリカのデザイナー、ポール・ランド（1914-96）は、デザインを均整・比率（proportion）のシステムと見なします（クローガー編 2020）。デザインは、絵画・音楽・工芸・舞踏・建築・彫刻など、芸術活動一般に見出すことができます。呪能は、超自然（＝人間の理性を超える神秘的な存在）と交感する技法で、宗教音楽・宗教絵画・宗教彫刻・宗教建築・宗教舞踏などに見出すことができます。再生は、既存の表現を換骨奪胎し、斬新な表現を生み出す技法で、芸術作品のパロディ・曲の主題と変奏などに観察されます。

　これら3種類の技は、様々な言語芸術にも見られます。デザインは、詩・広告・小説・標語に、呪能は、呪文・呪い・占い・護符に、再生は、替え歌・本歌取りに観察されます。そして、これら3つの技法は、ことわざにも用いられます。デザインは、ことわざの言語的形式を整える働きをします。呪能は、ことわざを通して、超自然との交感を可能にします。再生は、伝統的なことわざの形式を変容させます。ことわざが日常言語と異なるのは、以上3種類の技法が関与するからです。

　この章では3つの節を立て、節ごとにデザイン・呪能・再生の技法を観察します。ただし、説明の都合上、1つの節の中で、複数の技法が扱われている場合もあります。

1. ことわざはデザインの技を使う

　言語のデザイン（＝均整・比率のシステム）は、修辞（rhetoric）と呼ばれます。言語は、3つの分野（音声・意味・文法）から構成されます。したがって、ことわざのデザインも、それら3分野に及びます。その実例として、ことわざが、押韻・換喩・倒置・平行構文の技法を駆使することを観察します。

押韻

　自然界には、鳥のさえずり、虫の音、川のせせらぎ、雨だれ、波の音など、同一音が繰り返される現象が、しばしば観察されます。これを反復（repetition）と言います。反復は、ジェスチャー・儀式・音楽・踊りなど、人間の文化活動にも存在します。音声言語の反復が、押韻です。

　押韻には、頭韻（alliteration）と脚韻（rhyme）があります。頭韻は語頭の子音の反復、脚韻は語末の［母音（＋子音）］の塊の反復です。押韻により、2つの単語間に共通する部分と相違する部分が生まれます。デザインの観点から言えば、押韻は、複数の語における音声的な均整（proportion）を整える技、と見なすことができます。

　初めに、『マザー・グース』の "Peter Piper"（ピーター・パイパー）を見てみましょう（谷川訳 1981）。これは、早口言葉です。ここには、語頭の子音（/p/）をそろえる頭韻の技法が凝らされています。

Peter Piper picked a peck of pickled peppers;

（ピーター・パイパー　ピーマンのピクルス 1 ペックとった）

A peck of pickled peppers Peter Piper picked;

（ピーマンのピクルス 1 ペック　ピーター・パイパーがとった）

If Peter Piper picked a peck of pickled peppers,

（もしピーター・パイパーが　ピーマンのピクルス 1 ペックとったのなら）

Where's the peck of pickled peppers Peter Piper picked?

（ピーター・パイパーのとった　ピーマンのピクルス 1 ペックどこにある？）

　次に、アイルランドの詩人、セシル・F・アリグザンダー（1818-95）の作品 "fieldmouse"（野ネズミ）を観察しましょう（河野編訳 1998）。各行末の下線部において、脚韻の技法が使われています。down/brown, berry/merry, grass/pass の組み合わせにおいて、語末の /-ɑwn//-y//-ɑs/ の部分が共通です。

Where the acorn tumbles <u>down</u>,

（ドングリがぱらぱらこぼれおちるところ）

Where the ash tree sheds its <u>berry</u>,

（トネリコが実を落とすところ）

With your fur so soft and b<u>rown</u>,

（とってもやわらかな茶色の毛並みで）

With your eye so round and me<u>rry</u>,

（とっても丸くて楽しそうな目玉で）

Scarcely moving the long g<u>rass</u>,

（丈の高い草も揺らさず）

Fieldmouse, I can see you pass.
（おまえの駆けてゆくのが見えるよ、野ネズミさん）

　押韻は、ことわざに頻出する技法です。初めに、頭韻の例（下線部）を見てみましょう。たとえ文字が異なっても発音が同じならば、頭韻を踏みます（❷の care/kill/cat）。

❶ Better bend than break.	折れるより曲がれ
❷ Care killed a cat.	気苦労は猫を殺す
❸ So many men, so many minds.	十人十色

　次に、脚韻の例（下線部）を見てみましょう。ロシア人の言語学者、ロマーン・ヤコブソン（1896-1982）は、「脚韻を音の観点からのみ扱うならば、それは不健全な過度の単純化となろう。脚韻は、韻を踏みあう単位どうしの意味上の関係を必ず含んでいる」と指摘します（ヤコブソン 2015: 213）。たとえば、❻の roots/fruits は脚韻を踏みます。両者は植物部位を表し、反義的であり、文の目的語の位置を占めます。

❹ Haste makes waste.	急いては事をし損ずる
❺ Health is better than wealth.	健康は富に勝る
❻ Knowledge has bitter roots but sweet fruits.	知識の根は苦いが、その実は甘い

　押韻は、広告の領域でも活躍します。それは、購買者の注意をひきつけ、名称を周知させたいという、商業的な戦略の一環です。この類例は、膨大にあります。周囲を観察し、下の表に追加することをお勧

めします。

	頭韻	脚韻
キャラクター名	Micky Mouse	Humpty Dumpty
会社名	Cozy Corner	Seven Eleven
商品名	Power Point	Soy Joy
標語	Intel Inside	One Team, One Dream

　これらの事例では、2つの語が韻を踏むだけでなく、音節数が同一、あるいは、ほぼ同一です。これらの名称は、（広告）制作者の鋭い言語センスを反映しています。それぞれの事例において、結合された2語は見事な均整（proportion）を保っており、読み手や聴き手に心地よく響く効果があります。

換喩

　イギリスの作家、ジョージ・オーウェル（1903-50）は、ソヴィエト神話（＝美化された全体主義）を暴露するため、1945年に、*Animal Farm*（Orwell 2015＝『動物農場』、オーウェル 2017）を書きました。動物たちは反乱を起こし、首尾よく人間の農場主を追放します。動物たちは、"Beasts of England"（英国の家畜）を7回合唱して気勢を上げます。革命は一旦成功しますが、次第に豚が独裁体制を固めます。最後は、革命以前の不自由な社会に戻ります。

　この小説の中に、次の（矛盾する）スローガンが登場します。革命を主導した豚は当初❶を掲げましたが、やがて、❷に変更します。

❶ FOUR LEGS GOOD, TWO LEGS BAD	四本足いい、二本足悪い
❷ FOUR LEGS GOOD, TWO LEGS BETTER	四本足いい、二本足もっといい

　部分で全体を表す修辞を、換喩（metonymy）と言います。換喩は、カメラの「クローズアップ」に例えることができます。換喩は、特定の部分に焦点を合わせ、残りを暗示する言語的技巧です（野内2002）。デザインの観点からいえば、換喩は、全体と部分の比率（proportion）を逆転させ、部分を卓立させる技法と見なすことができます。

　❶の FOUR LEGS は四つ足の家畜、TWO LEGS は（直立歩行する）人間を表します。やがて、実権を掌握した豚は二足歩行を開始し、四足歩行のままの他の家畜に君臨します。❷の後半の TWO LEGS は、立ち上がった豚を表します。

　肝心要の箇所に焦点を当てる換喩は、簡潔な表現を指向することわざにとって、うってつけです。以下の例では、各々の身体部分（太字部分）が、何らかの特徴や能力を持つ人物全体を想起させます。

❸ Two **heads** are better than one.	2つの頭は1つよりよい
❹ Four **eyes** see more than two.	4つの目は2つよりよくみえる
❺ A good **tongue** is a good weapon.	よい舌は、よい武器だ
❻ Many **hands** make light work.	人手が多いと仕事が楽
❼ Walls have **ears**.	壁に耳あり

　❸の heads は思考力を有する人物、❹の eyes は観察力を持つ人物、

❺の tongue は演説を行う人物、❻の hands は協力者、❼の ears は盗み聞きをする人物を表します。いずれも、身体部分が前景化され、それを有する人間全体が背景化されています。

倒置

演劇・映画・小説などにおいて、サスペンスの技法が使われることがあります。危機的な状態を意図的に作り出し、緊張や不安を盛り上げる手法です。そのためには、肝心な情報を後回しに置く必要があります。迷宮・迷路・お化け屋敷などの建築物もサスペンスを利用しており、いずれも出口を明らかにしていません。

『マザーグース』の "hush-a-bye, baby"（ねんねんころりよ）という童謡を見てみましょう（谷川訳 1996）。

> Hush-a-bye, baby, on the tree top,
>
> （ねんねんころりよ　きのこずえ）
>
> When the wind blows the cradle will rock;
>
> （かぜがふいたら　ゆりかごゆれる）
>
> When the bough breaks the cradle will fall,
>
> （えだがおれたら　ゆりかごおちる）
>
> **Down will come baby, cradle, and all.**
>
> （あかちゃん　ゆりかご　なにもかも）

太字部分は、"baby, cradle, and all will come down" の語順が転倒したものです。この操作は、倒置（inversion）と呼ばれます。主語を最後に置いて正体を明かさないのは、言語的なサスペンスの手法です。デザインの観点から言えば、倒置は、竜頭蛇尾の配列を避け、文頭を

すっきりさせ、文の均整（proportion）を整える言語的技法です。

　ことわざにおいても、倒置はしばしば現れます。文頭には、形容詞や動詞の過去分詞が置かれます。動詞は、be 動詞あるいは存在や運動を表す自動詞が使われます。文末には、関係節を従える長い主語が置かれます。英語には、大事な情報を担う要素を文末に据える原則が働きますが、倒置の操作はこれに合致します。❸は、「結婚式の日に晴れると、花嫁は幸せになる」という民間迷信に基づきます。

❶ Happy is the country that has no history.	歴史を持たない国は幸福である
❷ Blessed is he who expects nothing.	何も期待しない者は祝福される
❸ Happy is the bride that the sun shines on.	太陽の光を浴びる花嫁は、幸せである

並行構文

　文化人類学者の川田順造は、ことわざの特徴として、次の 4 点を指摘します。(i) 韻律的レベルで反復を含む、(ii) 統語的レベルでの反復も認められる、(iii) 言語表現として短く、記憶、発語が容易である、(iv) 比喩的表現を多用する（川田 2001）。くしくも英語には、この条件にぴったり合致することわざがあります。

❶ Some fish, some frogs.	玉石混交
❷ No pain, no gain.	苦は楽の種
❸ Ever busy, ever bare.	稼ぎに追いつく貧乏神

❹ Like father, like son.	この父にして、この子あり
❺ The more, the merrier.	大勢になるほど陽気になる

　仮に、これらの表現を並行構文と呼ぶことにしましょう。この構文において、同一の単語が、先行形式と後続形式において反復されています。また、先行形式の文法関係が、後続形式に継承されています。たとえば❶では、some が先行形式にも後続形式にも出現します。また、［形容詞＋名詞］の構造が、先行形式と後続形式において、繰り返されています。デザインの観点から言うと、並行構文は、均整（proportion）が整った見事な形をしています。

　並行構文は、重複（reduplication）を利用した言語形式です。重複とは、単語の一部あるいは全体を繰り返す操作で、世界中の言語に見られる普遍的な技法です。重複の具体例は、幼児語（pee-pee）・擬声語（ding-dong）・擬態語（yum-yum）・間投詞（ha-ha）・名詞（no-no）・形容詞（super-duper）・副詞（too-too）・囃子言葉（diddle-diddle）・呪文（abra-cadabra）などがあります。

　並行構文は構文的に単純に見えますが、そこにおける2つの言語形式は多様な意味関係を結びます。❶は「〜もあれば〜もある」という意味で、並列を表します。❷は「もし〜であるなら〜になる」という意味で、因果を表します。❸は「〜であるにもかかわらず〜である」という意味で、逆接を示します。❹は「〜と同じように〜である」という意味で、類比を示します。❺は「〜であるに従い〜である」の意で、相関を表します。

　この事実は、並行構文全体の意味は、各部分を寄せ集めたモノ以上であることを示します。並行構文は、ゲシュタルト（＝全体は部分の和より大きい）を構成します。

　並行構文は、形式的に２つに分けることができます。１つは、先行形式内の要素と同一の要素が、後続形式にも表れているタイプです。たとえば、❻では、no が先行形式にも後続形式にも表れています。これをタイプＡと呼びましょう。もう１つは、先行形式の要素と異なる要素が、後続形式に現れるタイプです。たとえば、❽では、先行形式の要素は once ですが、それに対応する後続形式の要素は always です。これをタイプＢと呼びましょう。once/always は、無作為に選ばれているわけではなく、意味的に反義の関係にあります。

	並行構文	再生ことわざ
A	❻ No pain, no gain.（労なくして益なし）	No music, no life.（音楽がなければ、人生じゃない）
	❼ Like father, like son.（この父にして、この子あり）	Like grandfather, like grandson.（この祖父にしてこの孫あり）
B	❽ Once a beggar, always a beggar.（いったん乞食になったら、生涯乞食）	Once a dealer, always a dealer.（いったん証券マンになったら、生涯証券マン）
	❾ Once bitten, twice shy.（羹に懲りて膾を吹く）	Once bitten, twice die.（一度嚙まれたら、二度目はお陀仏）

　生成文法の研究者、今井邦彦と中島平三は、並行構文（彼らの用語では非定型文）が、「生産的ではない」（＝固定的で、置き換えが効かず、新たな表現を生み出さない）と主張します（今井・中島 1978）。しかし、それは現実に即していません。なぜなら、ことわざの再生という創造的な言語活動が見過ごされているからです。上の資料の右の欄が示すように、並行構文は極めて生産的で、斬新で多彩な変異形が次々と産出されます。

2. ことわざは呪能の技を使う

　かつて、呪能（＝超自然との交感）は、人間生活のあらゆる側面に及んでいました。そのため、呪能は、地上の至るところに見受けられました。一方、現代における呪能の実例は、限られた領域にしか見出すことができません。そのため、本節では、呪能の具体例の多くを小説から採用します。しかし、このことは、呪能が架空の世界にのみ存在することを意味しません。なぜならば、現代においても、呪能は現実（広告・政治・医療・司法など）と密接な関係があるからです。

　ことわざは、呪能の技法を駆使します。人間は、ことわざを媒介として、自然の背後にある超自然の意思を解釈します。為政者は、ことわざをプロパガンダとして利用し、人心を掌握します。人間は切羽詰まった時、ことわざを通して、心配や不安を解消します。

楽しき我が家

　Home, Sweet Home はイングランド民謡で、日本でも「埴生の宿」「楽しき我が家」という題で親しまれています。この歌の最後に、"there's no place like home"（我が家に勝る場所はない）という文言が出てきます。これは、古代ギリシアに遡る周知のことわざです。

　アメリカのミュージカル映画『オズの魔法使い』（*The Wizard of Oz*）においては、このことわざが呪文として使われています。ことわざは、本来、呪能の機能を有しますが、それが呪文として使われると、その潜在的な力が顕在化します。音声が聴き手の耳朶に触れると、直接的・感覚的・圧倒的な影響を与えます。この映画には、二人の対照的な魔法使いが登場します。一人はオズ。彼は魔法使いどころか、腹

話術を操る人間のペテン師です。彼は、「悪い魔法使いを退治するなら、カンザスに帰りたいという願いを叶える」と、ドロシーに約束します。ドロシーは、我知らず悪い魔法使いに水をかぶせ、退治することができました。もう一人はグリンダ。彼女は、正真正銘の魔女です。彼女は、故郷に帰りたいと願うドロシーに語ります。

Glinda: Then close your eyes and tap your heels together three times. And think to yourself: there's no place like home.	グリンダ：それでは、目を閉じて、かかとを3回打ち鳴らしなさい。そして、心の中で念じなさい、「我が家に勝る場所はない」って。

　グリンダは、呪文を唱えるに先立ち、「目を閉じる」ことを要請します。これは、意識の集中、外界からの遮断を意味します。さらに、「かかとを3回打ち合わせる」ことを命じます。これは、超自然に対する敬意を表します。3にも意味があります。秘数術における3は「天使の数字」（angel number）の1つで、「自由・創造・願いの実現」などの意味があります。たとえ2回続けて試みが不首尾に終わっても、"third time lucky"（三度目の正直）ということわざがあります。数字を含む儀式と呪文は、呪能の成就に与ります。

　ところで、『オズの魔法使い』に登場する2人の魔法使いは、何を意味するのでしょうか。それは、魔法使いが偽物であろうと本物であろうと、信念があれば、願いは叶うことを伝えていると思われます。請願の成就と医学の治療は、密接な関係を持っています。アメリカの医学者アンドルー・ワイル（1942-）は、代替医療・薬用植物・変性意識・治癒論の第一人者です。彼は、「医学にも『オズの魔法使い現象』は山ほどある。治癒は、心身に元々備わった力である。それは発動す

る機会を待っている」と言います。

　ワイルは、それまで、四つ葉のクローバーを見つけることができませんでした。しかし、どんなクローバー群落でも必ず四つ葉のクローバーを見つける女性に会いました。

　　彼女と出会って、彼女が見つけるのを見ているうちに、私の何か
　　が変わった。どんなクローバー群落地にも最低一本の四つ葉のク
　　ローバーがあり、見つけられるのを待っているという信念が彼女
　　の成功の鍵であることに気がついたのだ。そう信じることで、見
　　つけるチャンスが生まれる。信じなければ、チャンスはない。彼
　　女に会った後、私は試みてみた。そしてすぐに、四つ葉のクロー
　　バーが見つかるようになった。（ワイル 1995: 273-4）

　ワイルは、それ以降、自在に四つ葉のクローバーを見つけることができるようになります。彼は、四つ葉のクローバーによって、自分の人生が豊かになったと実感します。メフィストフェレスは、ファウストに「自信を持つことだ。そうすりゃ道は自然に開けてくる」と語りました（ゲーテ 2019 第一部: 144）。それは、人生の秘訣かもしれません。

洗脳

　前節でもでてきたジョージ・オーウェルは、全体主義を批判する目的で 1949 年に、小説 *1984*（Orwell 1989 ＝『1984』、オーウェル 2021）を書きました。その世界では、正体不明のビッグ・ブラザーが統治しています。住民の 85 ％は、プロレと呼ばれる下層階級で、貧民街に住んでいます。

　市民は、テレスクリーンと呼ばれる双方向テレビによって常に監視

され、あらゆる面で思想と行動が統制されています。物資は慢性的に不足し、市民は不便な生活を強いられています。しかし、党に対する不満分子は、すぐさま捕縛されてしまうので、当局に不平を言うことは許されません。

当局の標語が至るところに掲げられ、市民の頭に植え付けられます。

❶ BIG BROTHER IS WATCHING YOU	ビッグ・ブラザーが見ている
❷ WAR IS PEACE	戦争は平和だ
❸ FREEDOM IS SLAVERY	自由は隷属だ
❹ IGNORANCE IS STRENGTH	無知は力だ
❺ Proles and animals are free.	プロレと動物は自由だ

ある男は、"Down with Big Brother!"（ビッグ・ブラザーを打倒せよ！）という寝言を、7歳の娘に盗み聞きされます。翌日娘はパトロール隊に密告し、男は投獄されます。オーウェルは、権力者が姦策する洗脳の威力を描きました。

2022年7月、安倍首相銃撃事件が起きました。直後に逮捕された被告は、「世界平和統一家庭連合（＝旧統一教会）に入信した母が、多額の献金をしたことで困窮した。教団に恨みを持ち、教団と深い関わりのある首相を撃った」と供述しました。教団は、「人情より天情」「良心の呵責より神への献金」「神の立場に立って非情に徹せよ」等のプロパガンダ（＝特定の意図に基づく組織的宣伝活動）を使って信者を洗脳し、教団への献金を要請した、と伝えられます。

ハリガネムシは、宿主のカマキリに寄生します。ハリガネムシはカマキリを操り、川や池に入水させます。ハリガネムシは、カマキリの

体内から抜け出ると、水中で交尾・産卵します。本項で扱った呪能の効力は、カマキリを自在に操るハリガネムシに例えることができるでしょう。

観天望気

東西を問わず、昔の人は、単に自然を客観的に観察したわけではありません。白川は、「古代人にとって……自然の世界に、単なる現象というものはありえない。……空をながれただよう雲にも、聖霊がある」と記します（白川 2002: 68）。エリアーデも、「宗教的人間にとって、自然は……常に宗教的意味に満ちている」と語ります（エリアーデ 2014: 107）。エイブラムも、「ホメロス風の詩では、自然の風景それ自体が予兆や気配を生み、人間の行動に指示を与える」と記します（エイブラム 2017: 142）。

キングズベリーたちは、4435 個の天候ことわざを収集し、それらが「もし X ならば Y である」という［条件－結果］の形式で表現されると述べます（Kingsbury et al. 1996）。この形式の天候ことわざは、3 つに分類することができます。

第一は、X と Y とがともに気象現象を表すタイプです。これは、いわゆる「天気予報」に当たります。

| ❶ A red sky in the morning means bad weather ahead. | 朝方、空が赤いのは、悪い天気になる兆しである |
| ❷ If clouds appear suddenly in the south, expect rain. | もし南方に雲が急に現れたら、雨になる |

第二は、X が非気象現象、Y が気象現象を表すタイプです。生物の

生態に基づき、将来の天候を卜占します。第一と第二を合わせて、「観天望気」と言います。

❸ Swallows skimming along the ground indicate rain.	燕が地面すれすれに飛ぶと、雨が降る
❹ If a fly lands on you and seems to stick, it is going to rain.	ハエが体にとまって離れないようだと、雨になる

　第三は、X が気象現象、Y が非気象現象を指すタイプです。天候に基づき、生物の生態や人間の運命の卜象となります。

❺ Fish bite least with wind in the east.	東風が吹くと、魚は餌を食わない
❻ Year of snow, fruit will grow.	雪が多く降る年は、果物が育つ

　以上の天候ことわざは、自然の諸相から超自然の意図を解読する技術を反映しており、呪能を表している、と考えられます。

選挙戦略

　アメリカには、国歌以外に、様々な愛国歌があります。その中に、"God bless..." という定型表現で始まる歌が2つあります。1つは "God Bless America"、もう1つは "God bless the USA" です。この "God bless..." という表現に着目してみましょう。"God bless you"（あなたに神の御恵みがありますように）は、祈願文（optative）と呼ばれる構文です。動詞は原形で現れ、"May God bless you!"、あるいは単に "Bless you!" と言うこともできます。この表現は、くしゃみをした人

に言う決まり文句（お大事に）としても使われます。以下の例も祈願
文です。

❶ May God prosper you!	ご成功をお祈りいたします
❷ May God forfend such an unfortunate fate!	このような不運がふりかかりませんように
❸ May God damn them!	神が彼らをのろいたまわんことを

　上に記した文は、いずれも呪能（＝人間から超自然への祈願）を表
します。❶は招福（＝よいことが起こることを願う）、❷は除災（＝
悪いことが起こらないよう願う）、❸は呪詛（＝悪いことが起こるこ
とを願う）を表明します。

　2016 年における米国大統領選挙の際、トランプ候補を支持する政
治集会で、参加者は愛国歌 "God Bless the USA" を斉唱しました。
この歌詞には呪能を表す表現 "God Bless..." が含まれています。この
ことは、参加者が集団で神に祈願を行ったことを意味します。さらに、
参加者は、トランプ陣営十八番のスローガン "Make America Great
Again"（アメリカを再び偉大な国に）を反復唱和しました。

　社会心理学者のル・ボン（1841-1931）は、標語の持つ威力について、
次のように言います。

　　道理も議論も、ある種の言葉やある種の標語に対しては抵抗す
　ることができないであろう。群衆の前で、心を込めてそれらを口
　にすると、たちまち、人々の面はうやうやしくなり、首をたれる。
　多くの人々は、それらを自然の力、いや超自然の力であると考え
　た。言葉や標語は、漠然とした壮大な心象を人々の心のうちに呼

び起こす。心象を暈す漠然さそのものが、神秘な力を増大させる
のである。（武田 2022: 42-43）

　ところで、この政治集会の運営の巧みさは、集団意識だけで説明さ
れるわけではありません。この選挙を分析したユニバーシティ・カ
レッジ・ロンドン（UCL）名誉教授のノリーナ・ハーツは、孤独とポ
ピュリズムとの密接な関係を指摘します。

　　コミュニティーや社会的結びつきが失われた空白に、トランプの
　　ようなポピュリストたちは、明快かつ躍動的な所属意識の解釈を
　　引っ提げて巧みに入り込んできた。……トランプの集会は、政治
　　的な宣伝であるだけでなく、支持者が仲間意識を確認できる儀式
　　として開催された。……トランプは、人々に「自分は重要なの
　　だ」と感じさせ……何かに所属したいという渇望を満足させた。
　　そして、自分よりも大きなものの一部になりたいという、人間の
　　進化上の基本的ニーズに働きかけた。（ハーツ 2021: 59-61）

　トランプ陣営は、選挙戦において、横の人間関係（＝集団心理）と、
縦の人間関係（＝所属意識）を願望する人間の無意識を最大限に活用
したと言えるでしょう。それらは、ともに実質的・現実的な根拠を持
たない虚構です。なぜなら、政治集会の参加者は、互いに真の仲間で
も、真の地域共同体の一員でもないからです。それにもかかわらず、
選挙戦略が奏功したのは、トランプ陣営が歌とスローガンの相乗効果
を活用したからです。
　すでに観察したように、オーウェルは『動物農場』の中で、歌とス
ローガンの絶大な効能を予見しました。反乱を起こした動物たちは

"Beasts of England"（英国の家畜）を合唱し、FOUR LEGS GOOD, TWO LEGS BAD（4本足いい、2本足悪い）を掲げました。歌とスローガンは、参加者の魂を揺さぶります。歌とスローガンによって、参加者は集団としての一体感と連帯感を共有します。特に、大勢の人々と一緒に歌を歌うと、歌い手の脳内にエンドルフィンが分泌されます（ダンバー 2023）。エンドルフィンとは、脳内で働く鎮痛剤で、化学構造がアヘンによく似ており、気持ちを落ち着かせ、幸福感と結束感をもたらします。この年、トランプ候補は選挙に勝利しました。

3. 再生ことわざは再生の技を使う

　再生の技法を駆使すると、歌は替え歌に、和歌は本歌取りになります。ことわざも同様です。ことわざが再生されると、再生ことわざになります。特定の目的で制作されたスローガンやキャッチフレーズも、この技法により、さらに新たな言語表現として生まれ変わります。

魔法学校
　英国の作家 J. K. ローリング（1965-）は、小説『ハリー・ポッター』シリーズを執筆しました。主人公のハリーは「ホグワーツ魔法学校」に通い、魔法使いになるための訓練を受けます。ローリングは再生ことわざを活用し、魔法学校の実態を描きます。現行のことわざが巧みに変容され、魔界と俗界との対応関係が示されています。左側が現行のことわざ、右側が再生ことわざです。

❶ It's no good crying over spilt milk. （こぼれたミルクを嘆いても仕方がない＝覆水盆に返らず）	It's no good crying over spilt portion. （こぼれた分け前を嘆いても仕方がない）
❷ There's more than one way to skin a cat. （猫の皮をはぐには2つ以上の方法がある）	There's more than one way to skin a Kneazle. （ニーズルの皮をはぐには2つ以上の方法がある）
❸ A leopard can't change its spot. （豹は自分の斑点を変えられれない＝三つ子の魂百まで）	Poisonous toadstools don't change their spots. （毒キノコは斑点が変わらない）
❹ Don't count your chickens before they are hatched. （雛が孵る前に数を変えてはならない＝捕らぬ狸の皮算用）	Count your owls before they are delivered. （フクロウを送り出す前にその数を数えよ）
❺ Where there is a will, there is a way. （意志のある所に道がある）	Where there is a wand, there is a way. （魔法の杖があれば方法がある）

　作中に隠された再生ことわざは、作家が読者に投げかけた仕掛けです。仕掛けの解明は、読者に託されています。読者が仕掛けに気付かず、その個所を読み飛ばしてしまっては、作家の目算は外れます。一方、読者が作家の仕掛けを解明した時、作家と読者との間に、ひそやかな交流が生まれます。それは、読書の醍醐味ともいえるでしょう。

　魔法学校では、呪文（spell）も学びます。呪文は、一定の手続きの下で超自然の力を呼び起こし、問題を解決しようとする言語表現です。"Open sesame"（開けゴマ）は、『千夜一夜物語』の一篇『アリババと40人の盗賊』に登場する有名な呪文です。魔法を実行する際、ハリーは杖を振り呪文を唱えます。

❻ Lumos	光よ
❼ Nox	闇よ
❽ Incendio	燃えよ
❾ Sonoros	響け
❿ Reparo	直れ

　これらの呪文は、ラテン語です。現在、ラテン語を日常的に使う人はいません。それにもかかわらず、なぜこの言語が呪文に使われるのでしょうか。ラテン語は、古代ローマ帝国の公用語です。ラテン語は、中世から近代の初めに至るまで、全ヨーロッパの知識層の共通の書き言葉でした。ラテン語は、ロマンス諸語（フランス語・イタリア語・スペイン語など）の母体です。ラテン語の文献は、現代英語と同様、アルファベットで記されていますが、現代の英語母語話者にとって、ラテン語は容易に意味が了解できない不可思議な言語です。ラテン語の呪文によって、魔法は威厳と神秘性を帯びます。

　ところで、呪文とことわざは、呪能が関与する点で類似します。そればかりではありません。現代英語には、ラテン語のことわざも存在します。このことは、英米文化圏において、ラテン語は完全に死滅していないことを示します。

⓫ Noblesse oblige	高貴な身分には義務がある
⓬ Per audua ad astra	苦難を超えて星へ
⓭ Memento mori	死を忘れるな
⓮ Carpe diem	その日をつかめ
⓯ Dum spiro, spero	息をしている間、私は希望を持つ

　ラテン語のことわざには、⑮以外にも、希望に関するものが多くあ
ります。バチカン裁判所・弁護士で、韓国の大学でラテン語を教えた
経験のあるハン・ドニルは、この点に関して次のように述べます。
「人間とは、希望のない時代でも希望を語り、希望を抱いてきた存在
なのだ……希望というのは、生きている人間だけが語れるもの（であ
る）」（ドニル 2022: 259）。ことわざと希望との関係は、終章で再び言
及します。

睡眠学習

　オルダス・ハックスリー（1894-1963）は、イギリスの小説家です。
彼の小説に、*Brave New World*（Huxley 2005 ＝『すばらしい新世界』、
ハックスリー 1974）があります。そこで描かれた未来社会には、3つ
の特徴があります。(i) 統治者は、人間を胎内生殖から解放する。人
間は人工受精後、培養瓶の中で生育される。(ii) 統治者は、ソーマ
という麻薬を住民に配給する。人々はこれを飲み、快楽の日々を送る。
(iii) 統治者は自分の政策に適合した標語を作成し、睡眠中の子ども
たちに何度も聞かせる。

　下表の左側は睡眠学習用の再生ことわざ、右側はその原典と推定さ
れることわざです。

❶ Everyone works for everyone else.（人間は他人のために働く）	Everyman for himself and God for us all.（人間は自分のことを思い、神は人間を思いやる）
❷ Ending is better than mending.（繕うより捨てる方がよい）	Half a loaf is better than no bread.（半斤のパンは、パンがないよりよい）

❸ History is bunk.（歴史はたわごとだ）	History is more or less bunk.（歴史は多かれ少なかれ戯言だ）〈Henry Ford〉
❹ Never put off till tomorrow the fun you can have today.（今日手にする楽しみは明日に延ばすな）	Never put off till tomorrow what may be done today.（今日できることを明日に延ばすな）
❺ A gramme in time saves nine.（適時のソーマ１グラムは、９グラムを節約する）	A stitch in time saves nine.（時宜を得た一針は九針を省く）

　通例、再生ことわざは呪能を帯びず、身過ぎ世過ぎの事柄を表します。一方、上に記した標語は、再生ことわざであるにもかかわらず、子どもを洗脳する道具として機能しています。その理由は、これが小説の舞台だからです。小説家によって、これらの表現が呪能を帯びるよう、架空の世界が設定されています。

　世界的な仏教学者、鈴木大拙は、未来社会に危惧の念を表明します。「世界全般がすでに人間に関する一切の事業を工業化し、機械化し、概念化し、平等化し、組織化しおわらんとしている。オーウェルやハックスリなどの考えている社会は、予想するより、もっと早く実現するのかもしれぬ」（鈴木 2017: 94）。

　ハックスリーとオーウェルは、ともに、暗黒郷（dystopia）としての未来社会を描きました。そこでは、大衆を操作する道具として、標語が利用されています。これは、小説だけの絵空事ではありません。実際、太平洋戦争期、日本の海外進出を正当化するため、「八紘一宇」という標語が使われました。武田勝昭は、「誰だかわからない声が、万人の知恵を標榜し始める時、わたしたちは、眉につばを付けておい

た方がよい」と、警告します（武田 1992: 247）。

感染症

"Keep calm and carry on"（落ち着いて、いつもの暮らしを続けよ）は、第二次世界大戦中の 1939 年、イギリス情報省が作成したポスターの文言です。この表現に基づき、膨大な数の表現が再生されました。

第一は、carry が別な動詞に置き換えられ、on が継承される場合。

❶ Keep calm and party on.	落ち着いて、パーティーを続けよう
❷ Keep calm and travel on.	落ち着いて、旅行を続けよう
❸ Keep calm and move on.	落ち着いて、進みつづけよう

第二は、日常生活一般を扱う場合。動詞と後続要素が短音節です。

❹ Keep calm and say cheese.	落ち着いて、チーズと言おう
❺ Keep calm and drive safe.	落ち着いて、安全運転をしよう
❻ Keep calm and drink tea.	落ち着いて、紅茶を飲もう

戦争・感染症・騒乱・天災などの緊急事態は、人々に不安と緊張をもたらします。非常時に、標語を用いて、大衆の混乱（panic）を阻止し、治安を維持し、人心を掌握しようとするのは、為政者の常套手段です。2019 年末以降のコロナ禍に際し、日本では「三密（回避）」という言葉が席巻しましたが、イギリスでは、次のような表現が流布しました。

❼ Keep calm and stay home.	落ち着いて、家にいて
❽ Keep calm and get vaccinated.	落ち着いて、予防接種を受けて
❾ Keep calm and keep distance.	落ち着いて、距離を保って
❿ Keep calm and mask on.	落ち着いて、マスクをつけて

　言うまでもなく、政府関係者や医療関係者の意図は、これらの文言の後半にあります。しかし、それのみを明け透けに伝えるのは無粋。伝統的なことわざを再生した表現には、イギリス人の美意識と遊び心が窺えます。

　ベニクラゲは、何度も若返ることができるので、「不死のクラゲ」と言われます（小野寺 2019）。それと同様、ことわざも、何度も再生することができるので、「不死の言葉」と呼ぶことができます。"Old soldiers never die"（老兵は死なず）は、欧米圏で再生されることわざのランキング 1 位を占めます（Litovkina 2019）。この常套句をもじれば、"old proverbs never die"（古いことわざは不滅だ）と表現することができるでしょう。

社会的弱者
　否定対極項目とは、専ら、否定の環境で使われる言語要素を言います。以下の例文の動詞（太字部分）は、いずれも否定対極項目です。

① I can't **stand** it.	我慢できない。
② I can't **help** it.	私としてはどうしようもない。
③ The girl could not **bear** the treatment.	女の子は、その扱いに耐えられなかった。

④ Money doesn't really **matter** to me.	僕にとって、金はたいした問題ではない。

　2020年、アフリカ系アメリカ人の男性が、白人の警察官に虐殺される事件が起きました。人々は、BLACK LIVES MATTER（黒人の命も大切だ）の文言が記されたプラカードを掲げ、抗議運動を行いました。この文言では、否定対極項目であるmatterが、肯定の文脈で使われています。尋常ではない使い方が、耳目を引くスローガンを生みました。

　かつて、カナダ政府は、先住民の子どもたちを強制的に親から引き離し、寄宿学校で同化政策を行いました。2021年、学校跡地で、病気や虐待で亡くなったと推定される、多数の子どもたちの遺体が発見されました。同年、カナダ政府は9月30日を祝日に制定し、多民族・多言語国家をめざす姿勢を鮮明にしました。この日、カナダ各地で追悼行事が行われました。人々は、EVERY CHILD MATTERS（すべての子どもが大切だ）というプラカードを掲げ、行進しました。

　今日、以下のスローガンを掲げてデモを行うのが、日常的な風景になりました。

❶ OLD LIVES MATTER	老人の命も大切だ
❷ POOR LIVES MATTER	貧困者の命も大切だ
❸ DISABLED LIVES MATTER	障碍者の命も大切だ
❹ MINORITY LIVES MATTER	少数民族者の命も大切だ
❺ IMIGRANT LIVES MATTER	移住労働者の命も大切だ
❻ LGBT LIVES MATTER	性的少数者の命も大切だ

　BLACK LIVES MATTER というスローガンは、黒人差別を告発する環境で誕生しました。以来、この表現は、その伝統を受け継ぎ、社会的弱者を擁護する文脈で、極めて活発に再生されています。

4. まとめ――ことわざ／再生ことわざと芸術的技法

　芸術は、デザイン・呪能・再生という3つの技法を駆使します。デザインは、均整・比率（proportion）のシステムで、サイズとサイズの関係を調整する技術です。呪能は、超自然と人間とを結びつける技法です。それは功罪半ばし、人間に安寧をもたらす半面、人間を自在に操る魔力も有します。再生は、既存の表現の趣を残しつつ、意図的に他の表現に変換する技法です。

　人間は、はるか昔から、呪能という表現行為を行ってきました。呪能は双方向的で、祈願と託宣の2種類があります。祈願は、人間から超自然への働きかけを意味し、招福（＝好ましい事態を招く）・除災

表2　芸術の駆使する技法

領域 技法	芸術一般	言語芸術	ことわざ
デザイン	絵画・音楽・工芸・舞踏・建築・彫刻など	詩・広告・小説・標語・スローガン	ことわざにおける各種の修辞
呪能	宗教音楽・宗教絵画・宗教彫刻・宗教建築など	呪文・呪い・占い・プロパガンダ	ことわざにおける禁止・威迫・祈願・呪詛・天命
再生	芸術作品のパロディ・音楽の主題と変奏	替え歌・本歌取り	再生ことわざ

（＝好ましくない事態を防ぐ）・呪詛（特定の人や物事に災いが起こるよう、呪う）の３つがあります。一方、託宣は、超自然から人間への働きかけを意味し、デルフォイの神託・古代中国の亀甲占い・日本神話の誓約_{うけい}などがあります。英語の助動詞から例を取れば、"may peace prevail on earth"（世界が平和であるように）のmayは祈願、"ask and it shall be given you"（求めよ、さらば与えられん）のshallは託宣（＝天命）を表します。

　呪能とデザインは、不即不離の関係にあります。人間は、超自然へ供物を供えるとき、精魂を込めて、精妙なものを創ろうとします。聖堂・聖像・聖画・聖典などが調和し洗練されているのは、それゆえです。それは、言語の場合も同様です。推敲という言葉が記すように、詩人は、自らの作品の中に技巧の粋を凝らします。

　以上の論述をまとめると、表２を作成することができます。表２は、全芸術が、同一の技法を共有することを示します。デザインは、単に対象を練磨するだけではありません。呼吸し、躍動する身体にとって、磨きがかかった文言は、記憶を助けます（エイブラム 2017）。口承文化（＝文字を使用しない文化）において、言語における知は、反復（＝律動と定型）によって保存されます。一般に、ことわざの口調がよいのは、文字ではなく、語り（＝音声）によって、伝えられたからです。

第3章　ことわざを魂の観点から探る

　古代ローマの建築家、ウィトルウィルスは、水と音を比較し、両者が波という共通性を持つことを指摘しました（ホリオーク＆サガード1998）。その知見に基づき、彼は、劇場の音響効果を推量し、建物の設計に生かしました。

　知っている事柄を、よく知らない事柄に当てはめて、推論を行うことを、アナロジー（analogy）と言います。馴染みのある事柄をベース、馴染みの薄い事柄を、ターゲットと言います。ベースとターゲットを関連づけることを、対応づけと言います。その場合、両者の間に、一貫性のある対応づけが成立することがあります。このような対応づけを、同型と呼びます。

　ウィトルウィルスは、水波と音波の間に、同心円を描く、障害物に当たると跳ね返る、などの共通性を検出しました。これは、両者の間に、対応づけが成立することを意味します。このことから、水と音は同型を呈する、と帰結することができます。水と音とのアナロジーは、生産的な成果をもたらしました。すなわち、音と光との間にも類似性が見いだされ、光の研究が進展しました。

　アナロジーは、通例、ベースを、日常的で具体的な現象に設定します。その確かな根拠があるゆえ、未知の現象も、近しい存在に感じられます。腑に落ちる理解に辿り着く上で、アナロジーは、絶大な威力

を発揮します。この章では、アナロジーの手法を駆使し、ことわざと再生ことわざの本質に迫ります。

1. ことわざは魂を救済する

人間は、しばしば、自力で解決するのが困難な事態に直面します。その時、頼りになるのが、ことわざとお守りと薬です。ことわざとお守りは、超自然に対して祈願を行う際に使用します。ことわざと薬は、疲弊衰弱した心身を癒すために使われます。この比較により、ことわざの本質的な機能を炙り出すことができます。

お守り

人間は、古来、祈願という行為を行ってきました。祈願の対象は超自然であり、超自然と交感するのは、魂（＝生命体）です。その際、頻繁に利用されるのが、お守りです。お守りとことわざの間には、様々な点で対応づけが成立します。

第一は、はるか昔からあるという点です。鏃のお守りは、邪霊から持ち主を守ると言われ、何千年も前から、身につけられました。古代メソポタミア文明では、「開けた口には、ハエが入ってくる」（＝油断大敵）など、数多のことわざが、粘土板に楔形文字として刻まれました（室井 2010）。

第二は、世界中にあるという点です。エジプトでは、甲虫スカラベが、幸運のお守りとして有名です。同地には、"a beautiful thing is never perfect"（美しいものは完璧ではない）ということわざがあります（Bouic 2019）。

第三は、熱心な愛好者がいるという点です。パプアニューギニアの

女性は、身内の者が亡くなると、自分の指を切断してネックレスにし、一生身につけます（大石 1981）。「一期一会」「敬天愛人」「壺中天」の文言を、会社・自宅・茶室に掲げる人がいます。漫画『スヌーピー』に出てくる少年ライナスは、いつも毛布を握りしめています。これはどんな時も安心できる精神安定剤で、心理学では「ライナスの毛布」と呼ばれます。お守りやことわざは、「ライナスの毛布」として機能する可能性を秘めています。

　第四に、お守りとことわざが、合体している場合があります。それは、両者の親和性を示します。「健康祈願」「勝運祈願」「水子供養」などの文言が記された日本のお守りは、その典型です。また、イスラム教徒は、赤ん坊の衣服にピンで留めるお守りを重んじます。ここには、「マ・シャー・アラー」（神の思し召しのままに）というアラビア文字が刻まれています。このお守りは、子供に害が及ぶことを避けるために用いられます（モリス 2001）。

　第五に、超自然と交流するという特徴があります。お守りは、元来、草・葉・木・石・木の実・豆・骨・貝・羽などの自然物が使われました（モリス 2001）。お守りは、その素材が素朴であっても、超自然と交流するための特別な道具です。ことわざにも、"with God all things are possible"（神と共にあればすべては可能だ）など、超自然を前提とする表現がたくさんあります。人間と超自然との交流は、「人天交接」と呼ばれます。

　第六に、不安・危惧・疑惑を解消・払拭し、希望を託すことができます。物理学者のニールス・ボーア博士は、兎の足（＝幸運のお守り）を傍らに置きました。ゴルフの宮里藍選手は、"where there is a will, there is a way"（志があるところに道がある）を、座右の銘にしました。テニスの大坂なおみ選手は、"home is where the heart is"（家

庭は心のよりどころ）と、スニーカーに記しました。2023年3月、ワールド・ベースボール・クラシック（WBC）に参戦した日本チームは、善光寺の「勝守龍凰」を帯同しました。最終的に、彼らはこの大会で優勝しました。

薬

薬とことわざは、ともに、心身の回復の手助けをします。薬は、身体の回復を援助します。鎮痛剤は、身体部分の痛みを和らげます。ことわざは、心の回復を支援します。"Better late than ever"（遅れてもやらないよりはまし）は、好機を逃した人を激励します。ことわざと薬の間には、様々な対応づけが成立します。

第一に、火急時・非常時の助太刀になります。スズメバチに刺された人には、抗ヒスタミン軟膏を塗布します。脳梗塞を発症した患者には、血栓溶解剤を投与します。受験・結婚・出産など、人生の一大事が控えている人に、「合格祈願」「良縁祈願」「安産祈願」の護符を贈ると喜ばれます。

第二に、変化します。薬の場合、コロナウイルスの変種株（オミクロン株）に対応し、新型ワクチンが次々と開発されました。ことわざも、永劫不変ではありません。「情けは人の為ならず」は、「人に情けを掛けると、巡り巡って、自分に返ってくる」と、「情けを人に掛けるとその人を甘やかすから、情けを人に掛けるな」という解釈があります（ひろさちや2004）。"A rolling stone gathers no moss" も「職業を変えると蓄財できない」と、「活動的な人は束縛されない」という解釈があります。このことは、ことわざの意味は固定しておらず、融通性があり、創造的であることを示唆します。

第三に、適材適所です。医者が患者の症状に応じて投薬することは、

「応病与薬」「対症下薬」と呼ばれます。講演会における講師は、聴衆の関心や程度に応じ、適切なことわざを取捨選択します。

　第四に、西洋医学の抗生物質と異なり、東洋医学の生薬は、人間の自然な治癒の手助けをする、という特徴があります。それと同様に、ことわざも、人間の自発的治癒に基づき、効力を発揮します。

　第五に、同一効果を持つモノが、複数存在します。セデス・ロキソニン・バファリンは、頭痛薬です。エビオス・キャベジン・パンシロンは、胃腸薬です。「猿も木から落ちる」と「弘法も筆の誤り」は、ともに、達人も誤ることを意味します。"Little strokes fell great oaks"（小さな打撃でも大きな樫の木を倒す）と "many a little makes a mickle"（小さな物でもたくさん集まれば大きくなる）は、ともに、たえざる努力が成果を生むことを意味します。

　第六に、相反する効果を持つモノが存在します。血圧が高い人には降圧薬、血圧が低い人には、昇圧薬が処方されます。唾液が過剰な人には唾液分泌抑制薬、唾液が足りない人には唾液分泌促進薬が投与されます。同様に、相反する意味を持つことわざの対が、たくさんあります。以下の左右は、互に矛盾する主張をしています。

❶ Too many cooks spoil the broth.（料理人が多いとスープを駄目にする）	Many hands make light work.（人手が多いと仕事が楽になる）
❷ Clothes maketh the man.（馬子にも衣裳）〈maketh は make の古形〉	Don't judge a book by its cover.（見かけで人や物を判断してはならない）
❸ Out of sight, out of mind.（去る者日々に疎し）	Absence makes the heart grow stronger.（側にいないと恋しさが募る）

　人間は、物理的・生化学的・心理的に千差万別です。しかも、常に変化しています。薬とことわざは、人間に役立つために存在します。十人十色の人間に応じ、薬とことわざは、柔軟性と多様性が求められます。薬とことわざは、数学の公理のように、内的整合性を備えた抽象的理論ではありません。そもそも、人間自体が、「マドンナの理想を抱きながら、ソドムの深淵に没溺していく」存在です。この世において、重複・矛盾する機能を持つ薬とことわざが共存するのは、現実的・実用的・必然的と考えられます。

2. 再生ことわざは魂を解放する

　再生古民家と再生ことわざは、ともに、既存の素材を再利用します。玩具と再生ことわざは、ともに、人間の魂を解放します。楽器の製作とことわざの再生は、ともに、応答（＝対象との関係の調整）を行います。この観察に基づくと、再生ことわざの本質が詳らかになります。

古民家
　近年、古民家の再生（renovation）が注目を集めています。古民家には、自然素材が使われます。自然素材はぬくもりが感じられ、心が落ち着きます。また、使われていた素材を再利用すると、資源の保護につながります。さらに、そこに居住することにより、かつての人々の知恵と生活様式を継承することができます。再生古民家は、ハードとソフトの両面で、梁や柱を一切使用しないツーバイフォー工法の住宅と全く異なります。再生古民家と再生ことわざとの間には、幾多の対応づけが成立します。

　第一に、ともに、格調と風格のある素材が使われます。再生古民家
では、太くて黒光りのする梁や、古色蒼然とした柱が建材として使わ
れます。再生ことわざも、由緒あることわざを素材とします。たとえ
ば、"brevity is the soul of wit"（簡潔さは知恵の髄）〈シェイクスピア〉
という古典の一節から、"levity is the soul of wit"（気まぐれは知恵の
髄）ということわざが再生されました。

　第二に、ともに、実際に使われてこそ命脈を保ちます。再生古民家
の居住性は、耐震性・耐火性・気密性の観点から査定されます。同様
に、再生ことわざは、現代の世相を反映することにより、真価を発揮
します。たとえば、"here today, gone tomorrow"（今日はここだが、明
日はない）ということわざは、エネルギー源の変換を呼びかけるガス
会社のキャッチコピー "coal today, gas tomorrow"（今日は石炭、明日
はガス）に変容しました。

　第三に、ともに、伝統と革新のバランスが求められます。古民家を、
あまり現代風に改築してしまうと、かつての風合いや趣が失せてしま
います。ただし、古民家の間取りに手を入れないと、使い勝手の悪さ
が、温存されてしまいます。同様に、再生ことわざが既存のことわざ
とあまりかけ離れすぎると、再生ことわざが根無し草になります。し
かし、両者があまり近すぎると、斬新さが失われ、陳腐で月並みな作
品になります。その点、コピーライターは、「古い革袋に新しい酒を
入れる」のが巧みです。ダイエット業界では、"nobody is perfect"
（完璧な人間はいない）に基づき、"no body is perfect"（どんな肉体も完
璧ではない）が誕生しました。

玩具
　人類の歴史では、しばしば、三時代区分法（石器時代・青銅器時

代・鉄器時代）が使われます。しかし、これは、偏った考古学的証拠に基づいています。なぜなら、朽ちやすく、残存しにくい木材が無視されているからです。実は、人類は、長い間、木と緊密に交流してきました。初期人類が、槍・鑿（のみ）・棒など、様々な木製道具を作って以来、人類は、膨大な数の道具・武器・食器・家具・船舶・建造物を、木で製作しました（エノス2021）。南東アラスカの海岸で、クリンギット族とハイダ族は、トーテムポールによって象徴される木の文化を築き上げました（星野 1999）。ユダヤ人の歴史学者、ユヴァル・ノア・ハラリ（1976-）は、「石器時代は、より正確には、『木器時代』と呼ぶべきだろう。なぜなら、古代の狩猟採集民が使った道具の大半は木でできていたからだ」と指摘します（ハラリ 2016（上）: 62）。

　今日ではプラスチック全盛ですが、かつて、玩具は木で制作されました。木製玩具（＝積木・独楽・けん玉・シーソーなど）と再生ことわざは、ともに、技術が関与します。ソクラテスは、技術には、「使うための技術、作るための技術、真似るための技術がある……それぞれのものを使う人こそが、最もよくそのものに通じている人」であると語りました（プラトン 2008（下）: 358-9）。この技術の3区分に基づき、玩具と再生ことわざを比較してみましょう。

　第一は、「まねる」ことです。人形は本当の人間を、棒切れは本物の刀を、草の実を発射する竹筒は本物の銃を、それぞれ模倣して制作されます。同様に、再生ことわざは、伝統的なことわざを模倣して創作されます。

　第二は、「使う」ことです。人間は「使う」行為によって、喜びを感じることができます。子どもは、玩具を使用し、その行為に打ち興じます。一方、人間（発信者と受信者）は、再生ことわざを賞玩し、享受します。機知に富んだ表現は、様々な媒体に掲載され、拡散しま

す。

　第三は、「作る」ことです。子どもは自ら材料を調達し、それを加工して玩具を制作します。同様に、ことわざの改変を試みる者は、幾多の試行錯誤を重ね、作品を創作します。

　木製玩具と再生ことわざの制作は、「まねる」「使う」「作る」行為です。これは、自発的・積極的・創造的に技術を発揮することを意味します。この行為に没頭すると、我を忘れ、魂が解放されると考えられます。

　ことわざの再生とは、既存の伝統的な表現を、個人の知性と感性によって変革する発話行為です。それは、人間の創造力と言語の可能性を同時に追求する、実践的営為です。

楽器

　楽器は、人間の声の音域と音色を超脱します。同様に、再生ことわざは、伝統的表現を変革します。作品としての両者は、既存のモノの限界を突破します。それでは、両者を「創る」行為には、どのような共通性があるでしょうか。それは、イギリスの社会人類学者、ティム・インゴルド（1948-）が提唱した応答（correspondence）という概念によって、明らかになると思われます。応答とは、「現在生じていることに、次々と即応できるように、知覚を研ぎ澄ませ……世界との関係を調整すること」を意味します（インゴルド 2017: 27）。はじめに、竹から笛を製作する作業を考えてみましょう。

　笛をつくる作業は、竹林の中から適切な竹を選ぶことから始まります。竹材の性質は、竹が生育する地域・地形・地質などにより異なります。竹を選定したら伐採し、しばらく乾燥させ、中の節を抜きます。節の残し加減は、息を入れる際の腹圧を左右します。節を削りすぎる

と、息が滑ります。竹の反り具合や形状は、竹を握る手の感触に影響します。管の長短は、音の高低と連動します。孔と孔の間隔は、音階を左右します。クリ小刀で孔を空ける作業は、とりわけ細心の注意を払います。作業の途中で、何度も歌口（うたぐち）から、静かに優しく、息を注ぎます。その度ごとに漏れ出るかそけき声に耳を傾け、少しずつ、孔の形状を調整します。

　竹材として、煤竹（すすだけ）を使うこともあります。煙で燻され、虫がつきにくく、乾燥が進み、割れにくい長所があります。表面が飴色に美しく経年変化し、雅趣を帯びます。竹の表皮に、麩（ふ）（＝斑点状の模様）が浮かび、樋（ひ）（＝細長い溝）が通っている竹材もあります。これらの素材の文様を、意匠に生かします。しかし、それで全工程の終了とは限りません。何年も使用した後、唇との接点を補正するため、歌口を削ったり、息の通りを滑らかにするため、管内に柿渋（＝渋柿の実から採取した液）を塗ったりします。笛の制作とは、素材と身体感覚との往還であり、技巧と感性を駆使した、開かれた行為です。（以上の記述は、石橋愚道師の個人談話に基づきます。ただし、文責は全て私にあります。）

　次に、ことわざの再生を考えてみましょう。ことわざの再生とは、既存の伝統的な表現に基づき、美的で独創的な表現を追求する行為です。その主題は、時事・環境・社会など、多岐にわたります。駆使する技法も、音声・意味・構文など、修辞全般に及びます。ことわざの改変を実現するには、知性と感性の双方を発揮することが不可欠です。それは、一方向的な言語表現の変革ではありません。対象と交流する、双方向的な営為です。交流とは、当初の原案に幾度も修正を施すことを意味します。ことわざの再生は、審美的・継続的な発話行為です。

　総じて、楽器の制作とことわざの再生を実践するには、緊密な呼応

と繊細な美意識が必要です。それは、制作者の感受性が問われる芸術的行為です。

3. まとめ——ことわざ／再生ことわざが魂に及ぼす影響

　お守りとことわざは、ともに、不安を払拭し、安寧をもたらします。薬とことわざは、損傷を受けた心身を回復させます。生薬とことわざは、人間の自発的治癒が活性化した時、稼働します。窮地に陥った時、好個のことわざに巡り合えば、自らを慰撫することができます。孤立した時、「四面楚歌」を思い出せば、項羽の無縁に共感することができるでしょう。越後国の武将、上杉謙信は、生涯、「第一義」を座右の銘としました。十八番のことわざは、免疫システムのように、人間の自己防衛体制を築きます。

　古民家のリフォームとことわざの改変には、既存の物を換骨奪胎し、新規な物を創生するという共通性があります。玩具と再生ことわざには、魂を解放するという共通性があります。楽器の製作と再生ことわ

表3　モノ・言葉・行為と魂との関係

概念	語彙	定義
モノ	お守り	魂を救済するモノ
	玩具	魂を解放するモノ
言葉	ことわざ	魂を救済する言葉
	再生ことわざ	魂を解放する言葉
行為	祈る	魂を救済する行為
	遊ぶ	魂を解放する行為

ざの制作は、美意識に基づいて対象と応答する、という共通点があります。

　人間は、魂（＝生命の原動力）の救済と解放を、無意識に希求します。ことわざと再生ことわざは、これら２つの願望を叶える言葉の仕組みです。魂という用語を用いると、日常的な語彙は、表３のように分類・規定されます。なお、「魂の救済・解放」は、モノ・言葉を表す名詞だけでなく、行為を表す動詞を特徴づける際にも有効なので、「祈る・遊ぶ」を補充します。

終章　ことわざの本質を探る

「一月三舟（いちげつさんしゅう）」という言葉があります。月は、静止している舟からは止まって見え、北へ行く舟からは北に動くように見え、南へ行く舟からは南に動くように見えます。この言葉は、同じモノでも観点により異なって見えることを意味します。本書では、文化・芸術・魂という３つの観点を設定し、ことわざが、月と同様、三態を呈することを示しました。これら３つの姿は、１つのモデルとして、統合することができます。

1. プリズムモデルから考える

文化階層が聖・俗・遊びの３つから成るという前提に立つと、ことわざを聖、再生ことわざを遊びに定位することができます。芸術的技法にデザイン・呪能・再生があるという前提に立脚すると、ことわざはデザインと呪能、再生ことわざはデザインと再生の技法を駆使する、と規定することができます。アナロジーの手法を活用すると、ことわざは魂の救済、再生ことわざは魂の解放に与る、と主張することができます。これら３つの議論は、どのように収斂するでしょうか。

本書では、３つの観点に基づき、ことわざ／再生ことわざを考究しました。個々の記述は、同一の対象物を扱ったものなので、互いに密

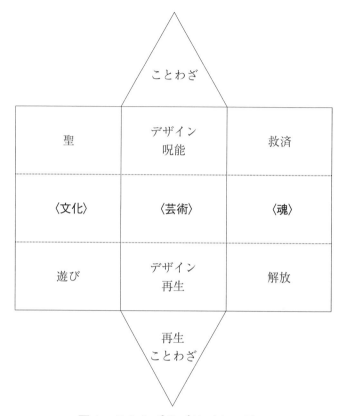

図1　ことわざのプリズムモデル

　接な関係を結ぶことが予想されます。相互の関係は、全体像を示すモデルを作成することにより、明らかになります。それが、図1です。

　図1の上半分はことわざ、下半分は再生ことわざを表示します。これは2次元の平面図形ですが、3次元の立体の展開図を企図しており、組み立てると、三角柱（triangular prism）になります。できあがった立体を、プリズムモデルと呼びましょう。このモデルは、文化・芸術・魂の相互関係と、ことわざと再生ことわざの対比関係を、一挙に表示できる利点があります。さらに、2次元図形では〈文化〉欄と

〈魂〉欄が分離しますが、３次元の立体では〈文化〉欄と〈魂〉欄が隣接し、両者の対応関係を容易に捉えることができます。この立体モデルから、どのような事柄を導くことができるでしょうか。

　はじめに、プリズムモデルを垂直に眺めてみましょう。文化欄は、ことわざと再生ことわざの分布が、相補的な（＝互いが補い合って、全体を構成する）関係にあることを示します。ことわざは聖の階層、再生ことわざは遊びの階層に所属し、その領域は重複しません。

　芸術欄において、デザインは、ことわざと再生ことわざの両方に現れます。これは、同一の技法が、２つの言語表現に駆使されることを示します。デザインは、ことわざと再生ことわざが共有する、唯一の技法です。

　芸術欄では、ことわざに呪能が現れ、再生ことわざに再生が現れます。呪能と再生の分布は、相互排他的な（＝一方が起こると、他方が起こらない）関係にあります。両者が共存するのは、小説など、架空の世界のみです。

　魂欄は、（再生）ことわざが魂に及ぼす影響を示します。ことわざは魂に救済を、再生ことわざは魂に解放をもたらします。魂は両面的な存在で、確固たるモノへの依存を希求する一方、因習的な束縛からの解脱を求めます。

　発芽したての苗木は、風雨や獣になぎ倒される危険に晒されます。しかし、大地に根づき、樹木として生育する苗木もあります。同様に、再生ことわざは、誕生とともに消滅の危機が待ち受けています。しかし、haste makes waste（慌てると損をする）から生まれた taste makes waist（美食は贅肉の本）がダイエット業界に流布したように、社会に受け入れられ、定着する作品もあります。再生ことわざは、新たなことわざとなる潜在的な可能性を秘めています。

プリズムモデルを水平に通覧すると、(再生) ことわざの定義が得られます。ことわざとは、「聖の場面に現れ、デザインと呪能の技法を駆使し、魂を救済する言葉」です。一方、再生ことわざとは、「遊びの場面に現れ、デザインと再生の技法を駆使し、魂を解放する言葉」です。これにより、両者の異同が鮮明になります。ことわざと再生ことわざは、両者を同時に捉えないと、体系的な記述ができません。

プリズムモデルは、従来の研究とどのような関係を持つでしょうか。序章で言及した柳田國男の発言を、もう一度参照しましょう (p.7)。この主張は、次のようにまとめることができます。(i) ことわざは、人心を慰め、鼓舞する。(ii) ことわざの機能は、代替できない。(iii) ことわざは、言語の発生とともに生じた。

(i)は、プリズムモデルの魂欄に呼応します。「苦労する人の心を慰め、沈んでいる人に元気をつけ」るのは、魂の救済に当たります。(ii)は、文化欄に対応します。聖の階層において、ことわざは、何物にも代えがたい働きをします。(iii)は、芸術欄と符合します。井筒俊彦は、言語の創出は呪能によってのみ説明でき、呪能的言語は、定型文の形式を取ると主張します (井筒 2018)。これは、ことわざが呪能とデザインの技法を備えていること、を意味します。

ところで、遺存種 (relic species) とは、かつて広く分布してたものの、現在は、限られた地域にしか生き残っていない生物を指します。その典型がシーラカンスです。この魚は、数千万年もの間、原始的な形質を受け次いでいます。そのため、シーラカンスは、「生きた化石」あるいは「古代魚」と呼ばれます。

かつて、地球は、呪いや呪文など、呪能を持つ言葉で溢れていました。現代では、そのような言葉は、ごく限られた場面でしか使われません。その中にあって、ことわざは、今もって、古代から伝わる呪能

を担います。したがって、ことわざとシーラカンスは、原始的な性質を継承する希少な遺存種である、と見なすことができるでしょう。

続いて、折口信夫と白川静の記述を参照しましょう（p.8）。両者の共通見解は、次のように要約することができます。(i) ことわざは、呪力を有する。(ii) ことわざは、形式を重要視する。(iii) ことわざは、神と交流する言葉である。(iv) ことわざの箴言としての意味は、副次的である。

これらの論点と、プリズムモデルとを比較しましょう。(i)は、言うまでもなく、芸術欄の呪能に対応します。(ii)は、芸術欄のデザインに相応します。デザインは、詩的な定型文の構築に与ります。何を定型と見なすかは、個別言語によって異なりますが、リズムは必須因子でしょう。(iii)は、文化欄の聖に対応します。聖は、「人天 交 接」（＝人間と神との交感）の舞台です。(iv)は、プリズムモデルから、自然に導くことができます。このモデルは、個々のことわざが担う具体的な意味に頓着しません。まして、箴言のような、個別文化特有の発想や価値観に関与しません。

プリズムモデルは、ことわざと再生ことわざの双方を包摂するので、折口・白川の言説より広い射程を有します。しかし、その核心において、二人の見解と一致します。したがって、このモデルは斬新奇抜なものではなく、折口・白川の所論を発展的に体系化したもの、と見なすことができます。本書は、「人間にとって、ことわざの意義は不変不朽である」と主張します。それに対し、「折口・白川の言説は、古代について言及するものであり、現代には当てはまらない」と反論する人もいるでしょう。これについては、次節で考究します。

2. 人間の本性を探る

　人間は、身体的にも精神的にも、極めて脆弱です。図らずも、怪我を負い、病魔に冒され、失意や傷心に見舞われます。そこから回復するのは、容易ではありません。たとえ先端医療技術やカウンセリングが導入されても、早期に事態が解決される保証はありません。そのような時、頼りになるのは何でしょうか。

　人間の住む世界は、平穏無事ではありません。日々のニュースは、世界各地の悲惨な事件を報じています。この今も、『黙示録』の四騎士（飢饉・疫病・戦争・死）が、地上を跳梁しています。その圧倒的な猛威の前に、人間はあまりにもひ弱です。この時、人間が実感するのは、己の無力です。この熾烈な世界で人間が生き延びるには、自らを支え励ますものが不可欠です。それは希望です。

　希望に関しては、つとに、多くの先人が言及しています。メフィストフェレスは、「さあ、ひとつやってみましょう。生きてる限りは、希望を持たなくちゃいかん」と、ファウストを鼓舞します（ゲーテ2019（下）: 134）。イギリスの文人、ポープは、"hope springs eternal in the human breast"（希望は人の胸の中で永遠に湧き上がる）と記します（ミルワード 1977）。動物行動学者のグドールは、「希望は、生きていくために欠かせない大事なもの、はるか石器時代から人類を支えてきたもの」と語ります（エイブラハム 2020: 12）。

　したがって、人間の本性とは希望を求めることである、と考えられます。しかし、現実の厳しさを考えれば、即座に希望が叶えられる保証はありません。では、希望と現実との間で、どのように折り合いをつけたらよいでしょうか。その時の切り札が、ことわざです。ことわ

ざは、「魂の癒し手」（soul healer）という、科学で代替できない役目
を担います。それは、言葉の誕生とともに、ことわざに備わった秘鑰
です。人間が言葉を使う以上、その生活様式がどのように変化しよう
と、ことわざの存在理由は万古不変です。したがって、白川・折口の
主張、ならびに、その後継であるプリズムモデルは、現代にも通用す
ると考えられます。

　ただし、ことわざは万能ではありません。すでに「啐啄同時」とい
う言葉に言及しましたが、ことわざが奏功するには、聞き手の受容態
勢が前提となります。鎌倉時代の僧侶、道元は仏法の神髄を求めて宋
に渡り、如浄禅師のもとで修行を重ねました。ある日、如浄が「身心
脱落」と語ると、多くの修行僧の中で、ただ一人、道元だけが大悟し
ました。道元は、晴れて所期の素願を達成し、帰国後、永平寺を開山
しました。好個の言葉と、偶発的に出会うことはありません。自ら設
定した問題意識に、恒常的・主体的に取り組む姿勢が不可欠です。

　人類学者のレヴィ゠ストロースは、現代人・世界各地の先住民・新
石器時代人における思考法の同一性を指摘しました（レヴィ゠ストロー
ス 1976）。ことわざは、人間の根源的思考法を反映する言語表現であ
り、「野生の言語」あるいは「根源の言葉」（prima lingua）と呼ぶこと
ができます。ことわざは、魂に希望と慰謝をもたらすため、汎文化
的・汎時空的に存在します。それは、未来に継承すべき無形文化遺産、
と見なすことができるでしょう。

あとがき

> デカルトは『方法序説』の冒頭で、……〈理性〉はあらゆるもののうち人に最も等しく分配されているものであると書いている。しかし……それはむしろ〈理性〉ではなく呪術愛好である。
> （井筒 2018）

　ラビンドラナート・タゴール（1861-1941）は、アジアで最初にノーベル文学賞を受賞したインドの詩人です。幼い頃、母語ベンガル語の詩の一節、「ジョルポレ・パタノレ」（雨はパラパラ、風はザワザワ）に触れた時、彼の全身を歓喜が貫いたと言います（クリパラーニ 1978）。これは、詩人の魂を揺り動かす力が、言葉に宿ることを示します。

　今から数十年前、私は大学と大学院で、当時、全盛期を迎えていた生成文法理論を学びました。当時、この理論は、言語学と同一視されていました。この理論は日常言語を言語の根幹と見なし、詩的言語を派生物と見なします。そのため、タゴールの受けた衝撃は、研究対象の埒外に置かれます。かねてから、言語学は、言葉と詩人の魂の関係も扱うべきではないか、と思っていました。しかし、その解法を見つけることができないまま、日々が過ぎていきました。

　2019 年春、全国高校生英語再生ことわざコンテストの開始と同時に、本書の執筆に取り掛かりました。なぜなら、実践と理論の調和を図りたかったからです。幸い、前者は順調な滑り出しでした。一方、後者はなかなか突破口が見つかりませんでした。特に往生したのは、核となるべき鍵概念を探り当てることができなかったことです。

　そのような折、井筒俊彦の『言語と呪術』に遭遇しました。井筒は、言語が論理（logic）と呪能（magic）から成る、と主張します（井筒2018）。それは天啓でした。これまで多くの学者が呪能に言及していますが、井筒ほどこの概念を重要視した人はいません。それは、現代言語学が一顧だにしない領域です。言語体系の中枢に呪能を据えると、ことわざの本質とタゴールの戦慄が同時に解明される、と確信しました。詩とことわざは、ともに呪文であったのです。

　私が学生時代に学んだ学問と、井筒流の言語学の根本的な相違は、何でしょうか。この点で、生物学者の福岡伸一による言説が参考となります。

　　　パスカルとデカルト、17世紀に登場した二人の天才哲学者の思想の上に近代社会が成立し、さらにその上に私たちは現代社会を築いてきました。……デカルトの主張は、「この世界は全て因果関係で成り立っており、メカニズムとして理解できる」というものでした。……一方、パスカルは、「合理的に因果関係を突き詰めるだけでは、必ずしもすべてが分かるとは限らない」と考えていました。（福岡 2013: 144-5）

　これが、2つの言語学の懸隔を説明すると思われます。すなわち、かつて私が学んだのは、合理的にモノを追究し、理性万能を唱える、デカルト流の思想でした。一方、井筒が主張したのは、偶然や直感を信じ、理性に限界を認める、パスカル的な思想だったのです。

　私の書斎の窓から、鬱蒼とした森が見えます。そこでは、毎春、キンランが可憐な黄色い花を咲かせます。この希少野生植物は、周囲の樹木および地中の菌類と、共生関係を結んで生きています。キンラン

を自然の生息地から他の場所に移植すると、従前の相互扶助関係が断たれ、枯死してしまいます。

　同様に、ことわざは、非合理性（＝超自然）に根を下ろしています。ことわざから非合理性を排斥するのは、「湯水と共に赤子を捨てる」に等しい行為です。もし、ことわざをひたすら合理的に分析しようとすれば、その躍動する生命力は、雲散霧消するに違いありません。

　非合理的なことわざを取り扱うには、非合理性を包み込む思想でなくてはなりません。本書は、「我思う、ゆえに我あり」を標榜する、デカルト的方法ではなく、「人間は一本の葦にすぎない」を唱道する、パスカル的方法に基づき、ことわざと相対した試み、と見なすことができるでしょう。

　本書の制作とコンテストの運営にあたり、大妻女子大学文学部英語英文学科の同僚、ならびに、英文共同研の助手の方々に、多方面にわたり大変お世話になりました。心より感謝申し上げます。就中、コンテストの共同運営者で本書の英文校閲者 Ken Ikeda 氏は、度重なる要請や質問に誠心誠意応えて下さいました。氏からは、"an elephant in a china shop"（瀬戸物店に乱入した象）という称号を賜りました。この場を借りて、猪突猛進の振る舞いを忠心よりお詫び申し上げます。

　最後になりましたが、日本経済評論社出版部の中村裕太氏は、拙稿を細密周到に熟読し、有意義で生産的な助言を差し伸べて下さいました。お陰で、当初の草稿は面目一新しました。この場を借りて、厚く御礼申し上げます。

　2024 年 草木萌動

村上　　丘

参考文献

日本語文献（五十音順）

今井邦彦・中島平三. 1978.『現代の英文法 第 5 巻文 II』研究社.

江口一久編. 1990.『ことば遊びの民族誌』大修館.

大石芳野. 1981.『パプア人——いま石器時代に生きる』平凡社.

奥野克己・伊藤雄馬. 2023.『人類学者と言語学者が森に入って考えたこと』教育評論社.

小野寺佑紀著, 久保田信監修. 2019.『ベニクラゲは不老不死——永遠に若返るスーパー生物の謎』時事通信社.

折口信夫. 2017.『日本文学の発生 序説』KADOKAWA.

梶茂樹. 1990.「リンガラ語とモンゴ語に見ることわざの挨拶」江口編 1990 所収

川田順造. 1998.『聲』筑摩書房.

川田順造. 2001.『口頭伝承論（上）（下）』平凡社.

郡司利男. 1984.『ことば遊び 12 講』大修館書店.

小林和男. 2023.『頭じゃロシアはわからない——諺で知るロシア』大修館書店.

白川静. 2002.『漢字百話』中央公論新社.

鈴木大拙. 2017.『東洋的な見方』KADOKAWA.

武田勝昭. 1992.『ことわざのレトリック』海鳴社.

武田砂鉄. 2022.『NHK テレビテキスト 100 分 de 名著 ル・ボン『群衆心理』』NHK 出版.

野内良三. 2002.『レトリック入門——修辞と論証』世界思想社.

福岡伸一. 2013.「世界は常に更新されている。だから考え続けなければならない」鹿島茂『NHK テレビテキスト 100 分 de 名著 パスカル『パンセ』』NHK 出版. 所収.

星野道夫. 1999.『旅をする木』文芸春秋.

村上丘. 2018.「序破急の意味論」『大妻女子大学紀要 文系』No. 50.

村上丘. 2020.「再生ことわざ入門——理論と実践」『REUNION』. No. 52. 新潟大学教育学部同窓会・英語学会.

村上丘. 2022.「ことわざの本質（1）」『大妻レヴュー』第 55 号. 大妻女子大学英文学会.

村上丘. 2023.「ことわざの本質（2）」『大妻レヴュー』第 56 号. 大妻女子大学英

文学会.

室井和男. 2010.『永久（とわ）に生きるとは——シュメール語のことわざを通して見る人間社会』海鳴社.

矢嶋美都子. 2018.『唐詩の系譜——名詩の本歌取り』研文出版.

柳田國男. 1976.『なぞとことわざ』講談社.

柳田國男. 1980.『民間伝承論』伝統と現代社.

吉岡乾. 2017.『なくなりそうな世界のことば』創元社.

吉岡乾. 2019.『現地嫌いなフィールド言語学者、かく語りき』創元社.

吉田禎吾. 1970.『呪術——その現代に生きる機能』講談社.

翻訳書（五十音順）

井筒俊彦. 2018. 安藤礼二監訳. 小野純一訳.『言語と呪術』慶応義塾大学出版会.

インゴルド, ティム. 2017. 金子他訳.『メイキング——人類学・考古学・芸術・建築』左右社.

インゴルド, ティム. 2023. 奥野克己訳.『応答、しつづけよ。』亜紀書房.

エイブラム, デイヴィッド. 2017. 結城正美訳.『感応の呪文——〈人間以上の世界〉における知覚と言語』論創社.

エイブラハム, ダグラス. 2020. 岩田佳代子訳.『ジェーン・グドール——希望の教室』海と月社.

エノス, ローランド. 2021. 水谷淳訳.『木から辿る人類史——ヒトの進化と繁栄の秘密に迫る』NHK出版.

エリアーデ, ミルチャ. 1971. 堀一郎訳.『生と再生——イニシエーションの宗教的意義』東京大学出版会.

エリアーデ, ミルチャ. 2014. 風間敏夫訳.『聖と俗——宗教的なるものの本質について』法政大学出版局.

オング, W-J. 1991. 桜井直文・林正寛・糟谷啓介訳.『声の文化と文字の文化』藤原書店.

カイヨワ, ロジェ. 1990. 多田道太郎・塚崎幹夫訳.『遊びと人間』講談社.

キャンベル, ジョーゼフ＆ビル・モイヤーズ. 2010. 飛田茂雄訳.『神話の力』早川書房.

クリパラーニ, クリシュナ. 1978. 森本達雄訳.『タゴールの生涯（上）』第三文明社.

クローガー, マイケル編. 2020. 和田美樹訳.『ポール・ランド、デザインの授業』BNN新社.

ゲーテ, ヴォルフガング. 2019. 手塚富雄訳.『ファウスト　悲劇第一部　悲劇第二部』中央公論社.

河野一郎編訳. 1998.『対訳英米童謡集』岩波書店.

谷川俊太郎訳. 1981. 平野敬一監修.『マザー・グース（1）（2）（3）（4）』講談社

谷川俊太郎訳. 1996. 渡辺茂解説.『マザー・グース　愛される唄70選』講談社.

ダンバー, ロビン. 2023. 小田哲訳『宗教の起源——私たちにはなぜ〈神〉が必要だったのか』白揚社.

ドンイル, ハン. 2022. 岡崎暢子訳.『教養としてのラテン語の授業——古代ローマに学ぶリベラルアーツの源流』ダイヤモンド社.

ハーツ, ノリーナ. 2021. 藤原朝子訳.『なぜ私たちは「孤独」なのか』ダイヤモンド社.

ハイムズ, デル. 1979. 唐須教光訳.『ことばの民族誌』紀伊国屋書店.

ハラリ, ユヴァル・ノア. 2016. 柴田裕之訳.『サピエンス全史——文明の構造と人類の幸福　（上）（下）』河出書房新社.

プラトン. 2008. 藤沢令夫訳.『国家（上）（下）』岩波書店.

ベイトソン, グレゴリー. 2023. 佐藤良明訳.『精神の生態学へ（上）（中）』岩波書店.

ホリオーク, キース・J. & ポール・サガード. 1998. 鈴木宏明・河原哲夫監訳.『アナロジーの力——認知科学の新しい探究』新曜社.

マリノフスキ, ブロニスワフ. 2010. 増田義郎訳.『西太平洋の遠洋航海者——メラネシアのニュー・ギニア諸島における、住民たちの事業と冒険の報告』講談社.

ミルワード, ピーター. 1977. 金口義明解説. 山本浩訳.『日英ことわざ考』荒竹出版.

モリス, デズモンド. 2001. 鏡リュウジ監訳.『世界お守り大全』東洋書林.

ヤコブソン, ロマン. 2015. 桑野隆・朝妻恵理子編訳.『ヤコブソン・セレクション』平凡社.

レヴィ゠ストロース, クロード. 1976. 大橋保夫訳.『野生の思考』みすず書房.

ワイル, アンドルー. 1995. 上野圭一訳.『癒す心、治る力』角川書店.

英文文献（アルファベット順）

Foley, William. 1997. Anthropological Linguistics (Language in Society). Wiley-Blackwell.

Hrisztalina & Varga. eds. 2015. *Introduction to Paremilology: A Comprehen-*

sive Guide to Proverb Studies. Mouton de Greyter.

Huxley, Aldous. 2005. *Brave New World and Brave New World Revisited.* Harperperennial.（＝ハックスリー, オルダス. 1974. 松村達雄訳.『すばらしい新世界』講談社.）

Kingsbury, S. A. et. al. 1996. *Weather Wisdom Proverbs, Superstitions, and Signs.* Peter Lang Publishing, Inc.

Litovkina, Anna T. 2014. "Anti-proverbs" in Hrisztova & Verga. eds. 2015.

Litovkina, Anna T. 2017. *Teaching Proverbs and Anti-Proverbs.* J. Selye University Faculty of Education.

Litovkina, Anna T. 2019. *Women through Anti-Proverbs.* Palgrave Macmillan.

Mieder, Wolfgang. 1993. *Proverbs Are Never Out of Season. Popular Wisdom in the Modern Age.* Oxford University Press.

Mieder, Wolfgang. ed. 1994. *Wise Words: Essays on the Proverb.* Routledge.

Mieder, Wolfgang & Alan Dundes. eds. 1994. *The Wisdom of Many Essays on the proverbs.* The University of Wisconsin Press.

Nierenberg, Jess. 1994. "Proverbs in Graffiti Taunting Traditional Wisdom" in Mieder. ed. 1994.

Orwell, George. 1989. *1984.* Penguin.（＝オーウェル, ジョージ. 2021. 田内志文訳.『1984』KADOKAWA.）

Orwell, George. 2015. *The Illustrated Animal Farm.* Penguin.（＝オーウェル, ジョージ. 2017. 山形浩生訳.『動物農場』早川書房.）

辞書類（日本語は五十音順、英語はアルファベット順）

白川静. 2007.『新訂字訓』平凡社.

白川静. 2020.『漢字の体系』平凡社.

ひろさちや. 2004.『新解釈　格言・ことわざ・名言・警句大全書』四季社.

Bouic, Gilbert. 2019. *The Little Book of African Proverbs.* Publisher unknown.

Concise Dictionary of Proverbs. 2014. V&S Publishers.

Mieder, Wolfgang. 2003. *Wisecracks! Fractured Proverbs.* The New England Press.

Mieder, Wolfgand & Anna Tóthné Litokina. 2002. *Twisted Wisdom: Modern Anti-Proverbs.* De Proverbio.

Oxford Dictionary of Proverbs. Fifth Ed. 2008. Oxford University Press.

Ridout, Ronald & Clifford Witting. 1967. *English Proverbs Explained.* Pan

Books.

The Penguin Dictionary of Proverbs. 2000. Market House Books Ltd.

著者紹介

村上　丘（むらかみ　たかし）

1954 年福島県生まれ。専門は英語学・言語学。ICU 教養学部語学科言語学専攻卒業。UCSD 大学院言語学部交換留学。ICU 大学院博士前期課程英語教育法専攻修了。県立新潟女子短期大学英文科、群馬県立女子大学文学部英文学科、新潟大学教育学部英語科を経て、現在、大妻女子大学文学部英語英文学科教授。論文:「『序破急』の意味論」『大妻女子大学紀要 文系』50（2018）、「再生ことわざ入門——理論と実践」『REUNION』52（2020）など。

校閲者紹介

Ken Ikeda

1962 年米国カリフォルニア州生まれ。専門は英語教育学。UCLA 歴史学専攻卒業。UCLA 大学院歴史学・図書館学専攻修了。Teachers College Tokyo Columbia University 大学院 TESOL 専攻修了。現在、大妻女子大学文学部英語英文学科教授。論文: "Eyeing, Adapting Diversity Training Activities to Japanese Settings." *Otsuma Review* 44（2011）, "Learning about the active element in learner development." Learning Learning 26（2019）など。

〈大妻ブックレット 10〉

ことわざの力
救済と解放

2024 年 3 月 15 日　　第 1 刷発行　　　　定価（本体1300円＋税）

著　者　　村　上　　丘

発行者　　柿　﨑　　均

発行所　株式会社　日本経済評論社
〒101-0062 東京都千代田区神田駿河台1-7-7
電話 03-5577-7286　FAX 03-5577-2803
URL：http://www.nikkeihyo.co.jp

表紙デザイン：中村文香／装幀：徳宮峻　印刷：閏月社／製本：根本製本

大妻ブックレット

① 女子学生にすすめる 60 冊　　　　　　　　　　　　1300 円
　　大妻ブックレット出版委員会編

② 英国ファンタジーの風景　　　　　　　　　　　　　1300 円
　　安藤　聡

③ カウンセラーになる　心理専門職の世界　　　　　　1400 円
　　尾久裕紀・福島哲夫編著

④ AI のキホン　人工知能のしくみと活用　　　　　　　1300 円
　　市村　哲

⑤ 働くことを通して考える共生社会　　　　　　　　　1300 円
　　村木厚子

⑥ 女子大生さくらの就活日記　　　　　　　　　　　　1400 円
　　甲斐荘正晃

⑦ ミュージアムへ行こう　知の冒険　　　　　　　　　1300 円
　　大妻ブックレット出版委員会編

⑧ 近現代中国の儒教　　　　　　　　　　　　　　　　1300 円
　　銭　国紅

⑨ 生活保護を考える　これから社会福祉をまなぶ人へ　1300 円
　　嶋貫真人

⑩ ことわざの力　救済と解放　　　　　　　　　　　　1300 円
　　村上　丘

⑪ 書の語られ方 中国篇　書論通観 1　　　　　　　　　1500 円
　　松村茂樹

表示価格は本体価格（税別）です

日本経済評論社